Margrit Stevanon

Aufläufe und Gratins

Margrit Stevanon

Aufläufe und Gratins

fantastisch vegetarisch

pala
verlag

Inhalt

Heißbegehrtes aus dem Ofen

Bei »Auflauf« denken viele Menschen nur an Resteverwertung. Ich gestehe, ich gehörte auch zu diesen Vielen. Im Laufe der Arbeit an diesem Buch änderte sich jedoch meine Einstellung grundlegend. Täglich erfuhr ich aufs Neue, wie vielfältig dieses Thema ist und wie unzählig, beinahe unbeschränkt die Möglichkeiten sind, es schöpferisch anzugehen.
Abgesehen von ihren Vorteilen, die die Vollwerternährung betreffen, haben Aufläufe noch andere Pluspunkte aufzuweisen zum Beispiel die Möglichkeit saisonorientiert einzukaufen. Berufstätige oder eilige Köchinnen und Köche freuen sich darüber, dass diese Gerichte hervorragend vorbereitet werden können.
Eine reichhaltige, schmackhafte Vollwerternährung ohne Aufläufe ist für mich kaum mehr vorstellbar und ich hoffe, dass sich sowohl der Auflauf als auch sein einfacher Verwandter, das Gratin, und das anspruchsvollere Soufflé einen festen Platz in Ihrem Speiseplan erobern werden.

Grenzenlose Möglichkeiten

Heiß und unwiderstehlich duftend kommen sie aus dem Ofen; unglaublich vielfältig sind die Möglichkeiten und auch die Gelegenheiten, bei denen die Gerichte serviert werden können: mal als herzhaft-deftiges Alltagsgericht, mal als edle Kreation für Gäste. Der Fantasie sind dabei (fast) keine Grenzen gesetzt. Ein paar Grundzutaten, ein Backofen und eine passende Form genügen.

Aufläufe kommen meist als Hauptgerichte auf den Tisch. Ob Sie dabei Zutaten verwenden, die Kühlschrank oder Vorratskammer gerade hergeben oder ob Sie eigens besondere, vielleicht bislang völlig unbekannte Lebensmittel eingekauft haben – das Ergebnis kann sich immer sehen lassen und kommt gut an.
Ein Auflauf möchte hoch hinaus und benötigt deshalb eine höhere Form. Die Zutaten wie Kartoffeln, Getreide oder Nudeln und Gemüse sind meist vorgekocht, aber immer noch bissfest. Schicht für Schicht kommen sie in die Form. Bei pikanten Aufläufen werden sie mit würzigen Saucen, zum Beispiel aus Tomaten, Milch oder Sahne, bedeckt. Eier machen den Auflauf locker. Geriebener Käse, Semmelbrösel und Butterflöckchen sorgen für die begehrte Kruste, von der ein Auflauf nie genug haben kann.
Damit auch rohes Gemüse zu einem Auflauf verarbeitet werden kann und gut gar, aber nicht zu braun wird, lohnt es sich, eine Form mit Deckel anzuschaffen. Auf Dauer ist dies sinnvoller, als den Auflauf mit Alufolie abzudecken.

Das Wort **Gratin** kommt aus dem Französischen und bedeutet »Kruste«. Beim Gratinieren bekommen bereits gekochte Speisen ihren letzten Schliff. Manchmal werden aber auch rohe Zutaten wie Kartoffeln oder Gemüse überbacken. Mit reichlich Sauce, zum Beispiel aus Milch und Sahne, übergossen, werden sie im Ofen gar. Zum Überbacken wird bei pikanten Gratins meist Käse verwendet, manchmal gemischt mit Kräutern, Nüssen, Butter, Öl, Mehl oder

Semmelbröseln. Bei süßen Gratins sorgen vor allem Milchprodukte oder Eier für die Kruste.
Gratins werden, je nach Zutaten, als Vorspeise, Hauptgericht oder auch als süßes Dessert aufgetischt. Die Backformen sollten groß und flach sein, damit möglichst viel Fläche überbacken werden kann.

Auflauf und Gratin lassen sich oft schwer auseinander halten – die Grenzen sind eher fließend. Allerdings sind beim Gratin die Backtemperaturen meist höher und die Backzeiten kürzer als beim Auflauf.

Soufflé könnte man als Wolke aus dem Backofen bezeichnen, ein luftiges Gebilde, das auf der Zunge zergeht. Reichlich Eischnee lässt das Soufflé in die Höhe steigen – vorausgesetzt, es wird beim Klettern nicht gestört.
Die Form sollte hoch und gerade sein und glatte Innenflächen haben. Auch kleine Portionsformen sind gut geeignet. Häufig verwendete Zutaten sind beispielsweise Gemüse und Pilze für pikante Soufflés, Obst oder Quark für die süße Variante.

So erleichtern Sie dem Soufflé das Klettern:

- Je frischer die Eier sind, umso besser.

- Eiweiß lässt sich am besten schlagen, wenn die Eier Zimmertemperatur haben. Eine Prise Salz hilft beim Festwerden. Spuren von Eigelb oder Fettspuren im Rührbecher oder am Rührgerät dürfen dagegen nicht vorhanden sein.

- Am besten nur den Boden der Form mit Butter ausstreichen und die Wand frei lassen, damit es sich »halten« kann.

- Die Form nicht zu voll machen, da das Soufflé stark aufgeht.

- Die ideale Backtemperatur liegt zwischen 175 und 200 °C.

- Neugierde zügeln! Während des Backens die Ofentür unbedingt geschlossen halten.

- Gute Planung ist das A und O, denn das Soufflé muss nach dem Backen sofort serviert werden.

- Beim Auftragen vor Zugluft schützen – damit die Pracht nicht frühzeitig zusammenfällt.

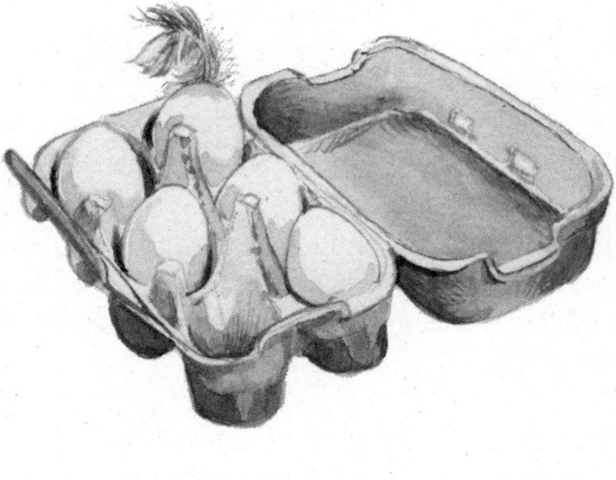

Keine Zeit für Aufläufe? Das muss nicht sein!

Zugegeben, bis die verschiedenen Schichten zu einem köstlichen Auflauf verschmelzen, dauert es seine Zeit. Aber mit ein bisschen Vorbereitung und guter Planung sind Aufläufe gerade für eilige Köchinnen und Köche oder zur Gästebewirtung ideal.
Da in der Regel vorgegarte Zutaten verwendet werden, kann die Zubereitung in Etappen erfolgen. Die einzelnen Komponenten können vorbereitet werden, wenn gerade ein wenig Zeit ist. Im Kühlschrank warten sie dann darauf, in die Form geschichtet zu werden. Bevor sich dann alle Ihre Lieben um den Essenstisch versammelt haben oder die Gäste kommen, kann der Auflauf im Backofen fertig gegart werden.

- Getreide wie Reis, Grünkern oder Hirse kann vorgekocht werden – bereits am Vortag oder morgens, bevor alle aus dem Hause gehen.
  Da ganze gekochte Körner in einem gut verschlossenen Behälter auch zwei bis drei Tage im Kühlschrank aufbewahrt werden können, lohnt es sich, gleich eine größere Menge zu kochen, beispielsweise wenn Sie ohnehin eine Reispfanne oder Grünkernbratlinge machen wollen (ein Essensplan für die ganze Woche hilft bei der Planung).

- Auch Pellkartoffeln oder Nudeln können vorab gekocht werden, sie sollten aber nicht zu weich sein.

- Gemüse kann am Vorabend geputzt und geschnippelt werden. In einem gut schließenden Behälter bleibt es im Kühlschrank frisch. Oder aber Sie dünsten auf Vorrat Ihre Lieblings-Gemüse-Mischung der Saison. Wenn Sie gleich größere Mengen zubereiten, können Sie einen Teil in der Tiefkühltruhe lagern und bei Bedarf darauf zurückgreifen.

- Für den Belag kann Käse bereits im Voraus gerieben oder geschnitten werden. Streusel (salzige oder auch süße) halten sich im Kühlschrank einige Tage.

- Bei den meisten Aufläufen können die Zutaten auch schon einige Stunden vor dem Backen in die Form geschichtet werden. Die Sauce sollte allerdings erst kurz vor dem Backen über den Auflauf gegossen werden.

- Tomatensauce kann im Voraus hergestellt und dann 3 – 4 Tage im Kühlschrank aufbewahrt werden, muss aber vor dem weiteren Verbrauch gut durchkochen. Sie können sie selbstverständlich nach Geschmack verändern und mit Kräutern und Gewürzen variieren.

Grundrezept für Tomatensauce

1 kg reife Tomaten
1 – 2 EL Olivenöl
½ mittlere Zwiebel
Salz
Kräuter und Gewürze nach Belieben

Tomaten kreuzweise einschneiden. In kochend heißes Wasser tauchen, herausnehmen und die Haut abziehen. Tomaten quer halbieren, Stielansatz und Samen aus den Kammern entfernen. In etwa 1 cm große Würfelchen schneiden.
Olivenöl erwärmen. Zwiebel sehr fein schneiden oder hacken und einige Minuten auf ganz kleiner Flamme dünsten. Tomatenwürfel beigeben und etwa 15 Minuten sanft kochen. Die Sauce nur salzen und erst direkt vor dem Gebrauch mit Kräutern und Gewürzen nach Belieben würzen.

Kruste gut – alles gut

Pikante Aufläufe und Gratins werden meist mit Käse überbacken. Je nach persönlichem Geschmack können Sie dazu fast jede Käsesorte verwenden. Weichkäse und Frischkäse wie Mozzarella werden am besten in Scheiben geschnitten. Schnittkäse lässt sich besser würfeln und Hartkäse ist ideal zum Reiben.

Hier ein kleiner Überblick über wichtige Sorten:

❍ **Camembert und Brie**
Französischer Weichkäse mit weißem Edelschimmelüberzug. Je nach Sorte wird Rohmilch, meist aber pasteurisierte Milch zur Herstellung verwendet.

❍ **Ricotta**
Italienischer Frischkäse, der aus Molke hergestellt wird.

❍ **Mozzarella**
Italienischer Frischkäse, der in bestimmten Regionen traditionell aus Büffelmilch hergestellt wurde, heute überwiegend aus Kuhmilch. Wird in Salzlake eingelegt.

❍ **Feta**
Griechischer Weichkäse aus Schafsmilch, wird in Salzlake eingelegt. Kann auch aus Kuh- oder Ziegenmilch hergestellt werden.

❍ **Gouda**
Bekanntester holländischer Schnittkäse, eignet sich gut zum Kochen und Überbacken. Je nach Alter (4 Wochen – 12 Monate) schmeckt er mild oder sehr würzig.

❍ **Tilsiter**
Herber Schnittkäse, reift innerhalb von 4 – 6 Wochen.

❍ **Edamer**
Milder Schnittkäse, weicher als Gouda, lässt sich weniger gut reiben. Braucht 3 – 5 Wochen bis zur Reife.

❍ **Emmentaler**
Pikanter Schnittkäse aus dem Allgäu oder der Schweiz, wird aus Rohmilch hergestellt und muss mindestens 3 Monate reifen. Aromatischer, nussartiger Geschmack.

❍ **Gruyère oder Greyerzer**
Der »Tausendsassa« unter den Schweizer Käsesorten. Sehr würzig, wird ebenfalls aus Rohmilch hergestellt.

❍ **Raclettekäse**
Schnittkäse aus Frankreich oder der Schweiz mit hervorragenden Schmelzeigenschaften.

❍ **Parmesan**
Italienischer Hartkäse ohne Löcher, lässt sich gut reiben, schmeckt sehr pikant.

❍ **Sbrienz**
Schweizer Hartkäse – der Schweizer Parmesan.

❍ **Eine Besonderheit: Paneer**
Ein bekömmlicher Käse, der in der indischen Küche sehr häufig verwendet wird. Er wird aus Kuhmilch unter Zugabe von Zitronensaft hergestellt (siehe Rezept auf der folgenden Seite).

Paneer

(ergibt etwa 250 g)

2 l frische Vollmilch
5 EL Zitronensaft

Die Milch in einem großen Topf zum Kochen bringen. Wenn die Milch zu steigen beginnt, den Zitronensaft dazugeben und gut verrühren.
Ein Käsetuch oder ein nicht zu grobes Baumwolltuch über ein Sieb legen. Sobald sich Käse und Molke vollkommen getrennt haben, die Masse durch das Tuch gießen (Molke zur weiteren Verwendung auffangen).
Den Käse im Käsetuch kurz unter fließendem, kalten Wasser abspülen, um das Säuerungsmittel zu entfernen.
Das Tuch an den vier Enden verknoten, aufhängen und die Molke vollständig abtropfen lassen. Oder das Tuch im Sieb liegen lassen und mit einem sauberen Stein oder einem gefüllten Topf etwa 15 Minuten beschweren.

Alternativen zum Käse:

Außer Käse können noch andere Zutaten zum Überbacken verwendet werden. Semmelbrösel oder geriebener Zwieback, mit Butterflöckchen vermischt, sorgen ebenfalls für eine schöne Kruste. Geriebene Zitronenschale oder Kräuter wie Thymian und Oregano verleihen dem Auflauf ein besonderes Aroma. Auch Nüsse oder Samen, beispielsweise Sonnenblumenkerne oder gemahlene Mandeln, eignen sich zum Bestreuen.

Kleine Warenkunde

Getreide und Mehl

Vollkornprodukte enthalten im Gegensatz zu den »weißen« Vertretern noch die vitamin- und mineralstoffreichen Randschichten und den Keimling. Als Zutaten für die Rezepte in diesem Buch sind daher Vollkornnudeln, Naturreis und frisch gemahlenes Vollkornmehl vorzuziehen. Sie geben den Aufläufen und Gratins außerdem den richtigen »Biss«.

Obst und Gemüse

Kaufen Sie Ihr frisches Obst und Gemüse möglichst aus Ihrer Region und nach Saison. Dann sind die Transportwege am kürzesten und die Früchte kommen gut ausgereift auf den Tisch. So enthalten sie nicht nur mehr Inhaltsstoffe, sondern verwöhnen uns auch mit viel mehr Aroma.

Eier und Milchprodukte

Eier und Milchprodukte sollten aus artgerechter Tierhaltung stammen. Achten Sie auf die Kennzeichnung der Produkte. Wer Eier von »glücklichen Hühnern« kaufen möchte, sollte sich nicht von Fantasienamen der Hersteller täuschen lassen.

Fette und Öle

Native Öle, die schonend gepresst und nicht raffiniert werden, enthalten viele wertvolle Inhaltsstoffe. Sie liefern reichlich ungesättigte Fettsäuren, Vitamin E und sekundäre Pflanzenstoffe. Für Rohkostsalate und zum Dünsten von Gemüse sind sie ideal.
Unraffiniertes Sonnenblumen- oder Distelöl sollte in der Bratpfanne nicht verwendet werden. Denn bei höheren Temperaturen kann gerade die Naturbelassenheit ein Nachteil sein. Fettbegleitstoffe wie sekundäre Pflanzenstoffe oder freie Fettsäuren können zerstört werden und es entstehen gesundheitlich bedenkliche Zersetzungsprodukte.

Olivenöl kann bis 180 °C problemlos erhitzt werden und auch Rapsöl ist hitzestabiler als andere Pflanzenöle. Zum Dünsten und Kochen sind beide Öle daher besonders gut geeignet.
Zum Braten und Frittieren sollte hingegen ungehärtetes Kokos- oder Palmkernfett verwendet werden. Diese Fette sind im Reformhaus und Naturkostladen in Bio-Qualität erhältlich.

Butterschmalz – Ghee

In der ayurvedischen Küche wird vorrangig Butterschmalz (Ghee) zum Kochen, Braten und Frittieren verwendet. Aber auch für ayurvedische Arzneimittel wird es häufig eingesetzt. Dabei wird empfohlen, Butterschmalz selbst herzustellen. Dazu sollte Butter in kontrolliert biologischer Qualität verwendet werden. Bei der Herstellung von Butterschmalz wird die Butter geschmolzen. Der wässrige Bestandteil der Milch, der Eiweiß, Milchzucker und andere wasserlösliche Stoffe enthält, wird abgeschöpft. Daher ist Butterschmalz lange haltbar und kann hoch erhitzt werden, ohne zu spritzen.
In den Rezepten in diesem Buch wird in der Regel Pflanzenöl zum Dünsten und ungehärtetes Pflanzenfett zum Braten verwendet. Welcher Sorte Sie den Vorzug geben, bleibt Ihrem persönlichen Geschmack überlassen. Wenn Sie stattdessen selbst hergestelltes Ghee verwenden möchten, beispielsweise im Rahmen einer ayurvedisch orientierten Ernährungsweise, auf der folgenden Seite finden Sie mein Rezept dazu.

Gomasio

Sesamsalz oder Gomasio wird in diesem Buch für einige Rezepte benötigt. Dieses traditionelle asiatische Würzmittel wird aus geröstetem Sesam und Meersalz hergestellt und kann für Salate, Getreide- und Gemüsegerichte verwendet werden. Gomasio gibt es in vielen Reformhäusern oder Naturkostläden, kann aber auch selbst hergestellt werden.
Auch dazu mein Rezept auf der folgenden Seite.

Ghee selbst gemacht

(ergibt etwa 800 g)

1 kg ungesalzene Butter

Butter bei mittlerer Hitze schmelzen, bis sie leicht aufschäumt. Hitze reduzieren und Butter auf kleinster Stufe ganz langsam und sanft kochen. Die festen Bestandteile, die auf der Oberfläche schwimmen, werden nach und nach sorgfältig mit einem Löffel entfernt. Wenn die Butter klar wie Öl ist oder wie »flüssiges Gold«, wie sie im Ayurveda heißt, vom Herd ziehen. Durch ein feines Stofftuch, zum Beispiel ein Taschentuch, in einen Steinguttopf oder ein hitzebeständiges Glas- oder Keramikgefäß gießen. Das Ghee bei Zimmertemperatur abkühlen lassen. Es hält sich viele Wochen und sollte nach Möglichkeit nicht im Kühlschrank aufbewahrt werden.

Die Herstellung dieser Menge Ghee dauert mindestens 30 – 40 Minuten. Es ist sehr wichtig, dass der Kochvorgang langsam vonstatten geht. Zu stark erhitztes Ghee kann nicht mehr verwendet werden. Es ist bitter und alle seine gesundheitlichen Vorteile sind zunichte.

Gomasio selbst gemacht

2 EL Meersalz
200 g schwarzer oder weißer Sesam

Salz in eine Pfanne geben und bei mittlerer Hitze 1– 2 Minuten trocken rösten, dabei ständig umrühren.
Anschließend Sesam in der fettfreien Pfanne unter ständigem Rühren rösten, bis die Samen ein nussartiges Aroma bekommen haben.
Sesam in einem Mörser oder mit dem Mixstab nicht zu fein zermahlen und mit dem Salz mischen.
Gomasio abkühlen lassen und in ein fest verschließbares Glas füllen. Kühl und trocken lagern.

Formen und Handwerkszeug

Für Auflauf, Gratin oder Soufflé eignen sich die verschiedensten Formen. Wichtigste Voraussetzung: Sie müssen ofenfest sein und auch Temperaturen bis zu 250 °C aushalten. Sie können aus unterschiedlichen Materialien gefertigt sein:

- Hitzebeständiges Glas
- Porzellan
- Keramik (Vorsicht bei Urlaubssouvenirs, Glasuren müssen frei von giftigen Metallsalzen sein)
- Gusseisen
- Edelstahl (Nickelallergiker sollten nach nickelfreien Produkten fragen)

Flache, runde oder ovale Formen eignen sich für Gratins. Aufläufe erfordern eine höhere Form, die möglichst einen Deckel hat. Soufflés werden in hohe Formen mit geraden Wänden gefüllt, gut geeignet sind aber auch kleinere Portionsförmchen. Auch hitzebeständige Tassen können verwendet werden und sind gleichzeitig noch echte Hingucker.

Für welches Material Sie sich entscheiden, ist letztlich Geschmackssache. Da die Gerichte in der Form auf den Tisch kommen, spielt auch das Aussehen eine Rolle. Denn natürlich ist es auch sinnvoll, wenn die Form zum restlichen Geschirr passt.

Nützliche Helfer

Gutes Handwerkszeug ist nicht unbedingt nötig, aber arbeitserleichternd (und oft auch Zeit sparend), wenn es an die Zubereitung geht. Neben guten Töpfen und scharfen Messern gibt es noch einige sinnvolle Gerätschaften, die in den Rezepten erwähnt werden. Hier ein kurzer Überblick:

Schneebesen

Von diesen Rührgeräten kann man in der Küche nie genug haben. Es empfiehlt sich, verschiedene Größen mit unterschiedlicher Drahtstärke anzuschaffen, auch ein flacher Tellerbesen kann sinnvoll sein. Zum Schlagen von Eischnee sollte der Schneebesen immer peinlich sauber und fettfrei sein, ein hoher Rührbecher ist ebenfalls von Nöten. Wer Eischnee nicht locker aus dem Handgelenk schlagen kann, benutzt dazu besser einen Radschneeschlager (zwei Schlagbesen werden durch eine Handkurbel bewegt) oder ein elektrisches Handrührgerät.

Reibe

Geräte zum Raspeln oder Reiben gibt es in Weißblech- oder Edelstahlausführung mit verschiedener Lochung. Damit lässt sich Gemüse und Obst ebenso raspeln wie Käse oder altbackenes Brot reiben. Eine Mehrzweckreibe mit integriertem Hobel lässt sich vielseitig einsetzen und ist daher eine lohnende Anschaffung.
Für größere Mengen ist eine Küchenmaschine mit einem speziellen Einsatz zum Reiben und Raspeln oder eine Getreidemühle mit Rohkostvorsatz sinnvoll. Bei kleineren Mengen lohnen sich Aufbau und Einsatz jedoch kaum.

Handreibe

Die kleinen Reiben werden mit verschiedenen Trommeleinsätzen angeboten. Sie eignen sich je nach Einsatz für Gemüse, Obst oder Käse. Mit speziellen Mandelmühlen können kleinere Mengen Nüsse, zum Beispiel Mandeln oder Pinienkerne, gemahlen werden.

Passiergerät (Flotte Lotte)

Das Gerät besteht aus einer runden Schüssel und auswechselbaren Lochscheiben. Eine Handkurbel führt ein Metallstück über die gelochten Scheiben. Obst, Gemüse oder anderes Passiergut wird durch die Löcher des Einsatzes gedrückt. Ideal zum Passieren von Saucen, weichen Früchten, Pürieren von gekochtem Gemüse und zum Durchdrücken gekochter Kartoffeln.

Dampfkörbchen

Kochen über Dampf ist eine gute Möglichkeit, Gemüse für einen Auflauf zu garen und dabei die wertvollen Inhaltsstoffe, aber auch Aroma und »Biss« zu bewahren. Am einfachsten geht dies mit einem Kocheinsatz aus Edelstahl. Dieses Dampfkörbchen lässt sich fächerförmig auf- und zuklappen und passt in jeden Kochtopf.

Kartoffelpresse

Die klassische, fast vergessene Art, gekochte Kartoffeln zu Kartoffelpüree zu verarbeiten. Falls vorhanden, kann auch eine Spätzlepresse verwendet werden.

Apfelausstecher

Eignet sich nicht nur, um Äpfel vom Kerngehäuse zu befreien, sondern auch, um harte Gemüsesorten auszuhöhlen, beispielsweise für gefüllte Kartoffeln.

Pikante Aufläufe

Streifzug über den Gemüsemarkt oder durch den Garten

2 kg Gemüse nach Saison, möglichst vielseitig
Olivenöl für die Form
Kräutersalz
2 Eier
200 ml Sahne (evtl. gemischt mit Milch)
schwarzer Pfeffer, frisch gemahlen
etwas Salz

Das Gemüse waschen, putzen und in gleichmäßig große Stücke schneiden. Gemüse mit längerer Garzeit wie Möhren, Kohlrabi, Rote Bete, Sellerie, Blumenkohl und Brechbohnen im Dampfkörbchen etwas vorgaren.
Auflaufform einölen und das Gemüse lagenweise hineingeben. Jede Lage nach Belieben mit Kräutersalz würzen.
Aus Eiern und Sahne (eventuell zum Teil durch Milch ersetzt), Pfeffer und etwas Salz einen Guss anrühren und diesen über der Gemüsemischung verteilen.
Die Form in den auf 200 °C vorgewärmten Backofen stellen und 15 Minuten bei geschlossenem Deckel garen (oder die Form mit Backpapier abdecken). Dann den Deckel entfernen und nochmals 25 – 30 Minuten weitergaren. Vor dem Servieren eine Garprobe machen.

Mais-Sellerie-Auflauf

700 – 800 g Knollensellerie
500 g Gemüsemais (Konserve oder Tiefkühlware)
2 große rote Paprikaschoten
70 g Sonnenblumenkerne
Kräutersalz
200 ml Crème fraîche
Salz
weißer Pfeffer, frisch gemahlen
Olivenöl für die Auflaufform
2 – 3 Fleischtomaten
70 g Sbrienz oder junger Parmesan
einige frische Basilikumblättchen
oder etwas getrocknetes Basilikum

Die Sellerieknolle putzen, waschen und in kleine Würfel schneiden. Das Gemüse in einem Dampfkörbchen etwas vorgaren.
Selleriewürfel in eine Schüssel geben und mit dem abgetropften Mais vermischen.
Die Paprika putzen und in kleine Stücke schneiden. Mit den Sonnenblumenkernen zur Gemüsemischung geben und alles mit Kräutersalz würzen.
Crème fraîche nach Bedarf noch etwas salzen und mit dem Pfeffer würzen.
Eine Auflaufform leicht einölen. Die Gemüsemischung hineingeben und die gewürzte Crème fraîche darauf verteilen. In den auf 200 °C vorgeheizten Backofen schieben und etwa 20 – 30 Minuten backen.
Die Tomaten und den Käse in Scheiben schneiden. Den Auflauf aus dem Ofen nehmen und zunächst mit Tomaten- und dann mit Käsescheiben belegen. Zwischen jedes »Scheibenpaar« ein Basilikumblatt stecken oder getrocknetes Basilikum darüber streuen. Nochmals in den Ofen schieben und etwa 10 Minuten gratinieren.

Gedeckter Gemüseauflauf

½ Blumenkohl
1 – 2 Möhren
1 rote Paprikaschote
½ Stange Porree
250 g Brechbohnen
250 g Aubergine oder/und Kürbis
100 g frische Champignons
2 EL Olivenöl
Salz
schwarzer Pfeffer, frisch gemahlen
1 Bund Knoblauchkraut oder 1 – 2 Knoblauchzehen
etwas Bohnenkraut, frisch oder getrocknet
2 EL Parmesan, gerieben
150 – 200 g Vollkornblätterteig, je nach Auflaufform
evtl. 1 Eigelb, 1 EL Milch

Das Gemüse putzen. Blumenkohl in Röschen teilen, Möhren in Scheibchen schneiden. Paprika fein würfeln und den Porree in Ringe schneiden. Bohnen putzen und in etwa 3 cm kleine Stücke brechen, Aubergine oder Kürbis in Würfelchen schneiden, die Champignons putzen und in dünne Scheiben schneiden.
Öl in einer breiten Bratpfanne erhitzen und das Gemüse dünsten, (eventuell die Menge unterteilen und schrittweise vorgehen). Die Mischung mit Salz, Pfeffer, dem geschnittenen Knoblauchkraut (oder mit gepressten Knoblauchzehen) und dem Bohnenkraut würzen. Nach Wunsch mit Parmesan bestreuen.
Das Mischgemüse in eine weite Auflaufform geben. Den Blätterteig in der Größe der Form ausrollen und das Gemüse damit bedecken. Den Teigdeckel mit einer Gabel einige Male einstechen, damit der Dampf entweichen kann.
Eventuell Eigelb mit Milch verrühren und den Deckel damit einpinseln. In den auf 200 °C vorgeheizten Backofen schieben und den Auflauf etwa 50 Minuten backen.

Würziger Spinatauflauf

1 mittelgroße Zwiebel
1 – 2 Knoblauchzehen
1 – 2 EL Öl
600 – 700 g Blattspinat (frisch oder tiefgekühlt)
100 g Sauerampfer
Kräutersalz
schwarzer Pfeffer, frisch gemahlen
2 Prisen Muskatnuss, frisch gerieben
500 g Sahnequark
1 Bund Petersilie
1 Bund Schnittlauch
Salz
2 EL Kokosraspel
50 g geriebener Gruyère oder Sbrienz, nach Belieben
Öl für die Form

Die Zwiebel und den Knoblauch fein hacken. Öl in einem großen Topf erhitzen, Zwiebel glasig dünsten. Knoblauch dazugeben und ebenfalls kurz mitdünsten.
Den Blattspinat zu den Zwiebeln geben. Sauerampferblätter entstielen, waschen, grob schneiden und beifügen. Alles dünsten, bis das Gemüse zusammenfällt. Mit Kräutersalz, Pfeffer und Muskatnuss würzen.
Den Sahnequark glatt rühren. Fein geschnittene Petersilie und Schnittlauch, Salz und Kokosraspel hinzufügen und mischen. Wenn Sie den Auflauf kräftiger würzen möchten, geben Sie noch geriebenen Gruyère oder Sbrienz bei. Die Quarkmischung mit dem Spinat vermischen.
Eine Auflaufform mit etwas Öl ausstreichen. Die Spinat-Quark-Masse einfüllen. In den auf 180 °C vorgeheizten Backofen schieben und 30 Minuten backen.

Kohlrabiauflauf

1 kg Kohlrabi
500 g Tomaten
Olivenöl für die Form
Kräutersalz
200 ml Sahne
125 g Joghurt, griechische Art
1 Stängelchen Bohnenkraut
weißer Pfeffer, frisch gemahlen
etwas Salz nach Belieben

Die Kohlrabi putzen und in feine Scheiben schneiden. Die Herzblättchen aufbewahren und sehr fein schneiden.

Die Tomaten kreuzweise einschneiden, kurz in kochendes Wasser tauchen, enthäuten und entkernen. Tomaten in feine Stückchen schneiden und in eine eingefettete Auflaufform geben.

Kohlrabischeiben dachziegelartig auf die Tomatenstücke legen. Mit Kräutersalz würzen und die fein geschnittenen Kohlrabiblättchen darauf verteilen.

Die Sahne mit dem Joghurt mischen. Das Bohnenkraut waschen und trockentupfen, Blättchen abzupfen und zur Sahne-Joghurt-Mischung geben. Den frisch gemahlenen Pfeffer und nach Bedarf auch noch etwas Salz hinzufügen. Diese Creme auf den Kohlrabi verteilen und glatt streichen.

Den Auflauf bei 200 °C in den Backofen schieben und 50 – 60 Minuten backen. Während der ersten Hälfte der Backzeit die Form abdecken.

Spaghettikürbis-Auflauf

1 kg Spaghettikürbis
1 Zwiebel
1 – 2 EL Öl
2 Knoblauchzehen
250 g Tofu
1 große rote Paprikaschote
100 – 150 g Emmentaler
1 TL Kräuter der Provence
Kräutersalz
Pfeffer, frisch gemahlen
200 g Naturjoghurt, griechische Art
3 – 4 Eier
Salz nach Belieben
Öl für die Form

Den Spaghettikürbis der Länge nach halbieren. Von Kernen und Fasern befreien und die Hälften in einem weiten Topf auf dem Dampfkörbchen 20 – 30 Minuten garen. Leicht auskühlen lassen. Dann das »Kürbisfleisch« mit einer Gabel lockern und die »Spaghetti« in einer Schüssel beiseite stellen.
Die Zwiebel fein schneiden und im Öl andünsten. Den Knoblauch hacken und beigeben. Tofu in Würfelchen schneiden, zu den Zwiebeln geben und zusammen weiteranschwitzen.
Die Paprika putzen, von Kernen und Zwischenhäuten befreien und in Würfelchen schneiden. Den Käse fein würfeln. Alles zur Zwiebelmischung geben. Kürbisspaghetti ebenfalls dazugeben und alles gut vermischen. Mit Kräutern der Provence, Kräutersalz und Pfeffer würzen.

Den Joghurt und die Eier mit dem Schneebesen schaumig rühren. Nach Belieben noch etwas Salz beigeben.
Eine eher flache Auflaufform mit dem Öl ausstreichen. Die gewürzte Gemüsemischung darin verteilen. Mit der Joghurt-Eier-Creme begießen, dabei die Gemüsemischung mit einer Gabel etwas lockern, damit sich die Eimasse gut verteilen kann.
Den Auflauf im auf 200 °C vorgeheizten Backofen 40 – 45 Minuten backen.

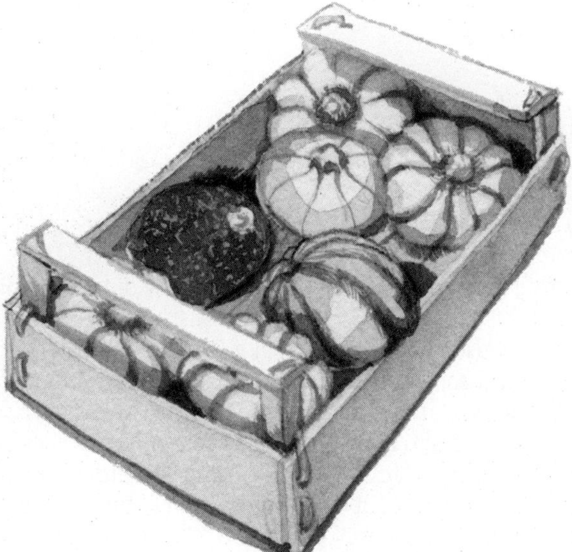

Kürbisauflauf mit Rührei

1 ½ kg Kürbis
1 Zwiebel
1 EL Öl
Salz
einige Tropfen Zitronensaft
2 – 3 TL fein geschnittener Ingwer
250 ml Kokosmilch
1 Prise Cayennepfeffer
1 EL Tamari
etwas Olivenöl für die Form

Für die Rühreier:
6 – 8 Eier
6 – 8 EL Milch
Kräutersalz
schwarzer Pfeffer, frisch gemahlen
1 Bund Schnittlauch
1 EL ungehärtetes Pflanzenfett

Den Kürbis putzen, von Fasern befreien und in dünne Scheiben schneiden.
Die Zwiebel fein schneiden und im Öl glasig dünsten. Die Kürbisscheiben dazugeben und salzen. Mit einigen Tropfen Zitronensaft beträufeln. Den sehr fein geschnittenen Ingwer, Kokosmilch, Cayennepfeffer und Tamari hinzufügen und alles gut vermischen.
Eine Auflaufform mit Deckel leicht einölen. Die Kürbismischung hineingeben und in den auf 200 °C vorgeheizten Backofen schieben. Zugedeckt 20 Minuten garen. Dann den Deckel entfernen.

In der Zwischenzeit die Eier und die Milch in eine Schüssel geben. Mit einer Gabel kräftig durchschlagen. Mit Kräutersalz, Pfeffer und dem fein geschnittenen Schnittlauch mischen.
Das Fett in einer Pfanne erhitzen. Die Eiermasse hineingießen und unter ständigem Rühren stocken lassen. Die Rühreier auf dem Kürbisgericht verteilen.
Kürbis nochmals in den Ofen schieben, bis die Eier leicht Farbe angenommen haben.

Mauds Weißkohlauflauf

1 mittelgroße Zwiebel
1 EL Öl
2 – 3 große Kartoffeln
1 geh. EL Gomasio
1 kg Weißkohl
2 TL Koriandersamen
1 ½ TL Kreuzkümmel (Cumin)
1 große rote Paprikaschote
500 g Gemüsemais (Konserve oder tiefgekühlt)
Kräutersalz
Salz
200 ml Sahne
schwarzer Pfeffer, frisch gemahlen
1 – 2 MSP Gewürznelkenpulver
100 – 150 g geriebener Gouda

Zwiebel in Halbmonde schneiden und im Öl sanft dünsten. Gleichmäßig in einer Auflaufform mit Deckel verteilen.
Kartoffeln mit der Bürste waschen und in feine Scheiben schneiden. Die Hälfte der Kartoffelscheiben über den Zwiebeln verteilen.
Mit der Hälfte des Gomasio bestreuen. Den Weißkohl putzen, waschen und in Streifen schneiden. Die Hälfte davon auf die Kartoffeln schichten.
Koriandersamen und Kreuzkümmel in einer fettfreien Bratpfanne bei sanfter Hitze anrösten, bis die Samen »springen«. Vom Feuer ziehen und das Gemüse mit einem Teil der Gewürze bestreuen.
Paprika putzen und in kleine Stücke schneiden. Die Hälfte auf dem Weißkohl verteilen. Die Hälfte vom Mais ebenfalls auf das Gemüse legen. Mit Kräutersalz würzen.

Das restliche Gemüse ebenfalls einschichten: eine Lage Kartoffeln, das restliche Gomasio, eine Lage Kohl, Gewürze, Paprika und Mais. Mit Salz bestreuen.
Sahne mit Pfeffer, Gewürznelkenpulver und Salz nach Bedarf würzen, über den Auflauf gießen.
Auflaufform mit Deckel bei 200 °C in den Backofen schieben. Etwa 45 Minuten backen. Dann den Deckel entfernen und etwa 10 Minuten weitergaren. Zum Schluss mit dem geriebenen Käse bestreuen und nochmals in den Backofen schieben, bis der Käse geschmolzen ist und leicht Farbe angenommen hat.

Weißkohl-Ananas-Auflauf

1 kg Weißkohl oder Chinakohl
½ Zwiebel
1 EL Öl
1 TL Bockshornkleesamen
1 ½ TL Koriandersamen
1 Stange Porree
1 rote Paprikaschote
200 – 250 g Räuchertofu
500 g Ananas, frisch oder Konserve (mit Saft)
1 daumengroßes Stück Ingwer
Cayennepfeffer
1 Gemüsebrühwürfel
Salz
150 ml Sahne
4 mittlere Kartoffeln
etwas Olivenöl für die Kartoffeln

Kohl putzen und vierteln. Strunk entfernen und den Kohl in knapp 1 cm breite Streifen schneiden.
Zwiebel fein schneiden. Öl in einem großen Topf erhitzen und Zwiebel und Bockshornklee sowie Koriander sanft andünsten. Kohl dazugeben und mischen.
Porree putzen und in Ringe schneiden. Paprika putzen, in kleine Stücke schneiden und mit dem Porree zum Kohl geben. Etwas mitdünsten.
Räuchertofu in etwa 2 cm große Würfel schneiden, die Ananasscheiben würfeln und zum Kohl hinzufügen.
Ingwer schälen, ganz fein schneiden und zum Gemüse geben.

Ananassaft dazugießen, das Gemüse nach Belieben mit Cayennepfeffer, Gemüsebrühe und etwas Salz würzen.
Diese Mischung in eine Auflaufform geben und mit der Sahne begießen.
Die Kartoffeln mit einer Bürste waschen und in sehr feine Scheiben schneiden. Fächerartig auf die Gemüsemischung legen. Nach Belieben leicht salzen und mit Olivenöl bepinseln.
Auflauf bei 200 °C in den Backofen schieben und 30 – 40 Minuten garen. Vor dem Servieren Garprobe machen.

Rote-Bete-Auflauf

800 g – 1 kg Rote Bete
Öl für die Form
½ Zwiebel
etwas Olivenöl
etwas Zitronengras, nach Belieben
1 – 2 Lorbeerblätter
1 Prise Gewürznelken, gemahlen
½ TL Kreuzkümmel (Cumin)
schwarzer und weißer Pfeffer, frisch gemahlen
Salz
200 ml Sahne
50 ml Gemüsebrühe
1 – 2 EL Balsamicoessig

Rote Bete schälen und in feine Scheiben schneiden. Eine Auflaufform einölen und die Rote Beete fächerförmig darin verteilen.
Zwiebel fein hacken. Öl in einer kleinen Pfanne erhitzen und die Zwiebel darin glasig dünsten. Zwiebel auf der Roten Bete verteilen.
Zitronengras waschen und fein schneiden. Lorbeer in feine Stücke reißen. Zusammen mit Gewürznelkenpulver, Kreuzkümmel, Pfeffer und Salz über die Rote Bete streuen.
Sahne mit der Gemüsebrühe und dem Balsamicoessig vermischen. Nach Bedarf noch mit Salz würzen. Den Guss auf dem Auflauf verteilen.
Auflauf bei 180 °C etwa 1 Stunde backen. Nach Bedarf etwas Flüssigkeit nachgießen, z. B. Gemüsebrühe (erübrigt sich, wenn die Rote Bete ganz frisch ist). Vor dem Servieren Garprobe machen.

Möhren-Mandel-Auflauf

600 – 700 g Möhren
100 g Mandeln, gerieben
Salz
2 gestr. TL Garam Masala
etwas weißer Pfeffer, frisch gemahlen
3 – 4 EL Kichererbsenmehl
2 EL Öl
Öl für die Förmchen

Die Möhren putzen und grob raspeln. Mit den geriebenen Mandeln mischen.
Salz, Garam Masala und Pfeffer hinzufügen und gut mischen. Kichererbsenmehl ebenfalls dazugeben. Zum Schluss mit dem Öl gut vermischen.
Vier Portionen-Auflaufförmchen mit Öl bestreichen und die Masse auf die Förmchen verteilen. Wenn Sie keine kleinen Förmchen haben, können Sie auch ein Backblech mit Backpapier auslegen und die Möhrenmasse in kleinen Häufchen darauf verteilen.
Backofen auf 180 °C vorheizen. Förmchen oder Backblech in den Ofen schieben und Möhren-Mandel-Auflauf 35 – 40 Minuten backen.

Nudelauflauf »Kräutersträußchen«

500 g Vollkorn-Spiralnudeln
Salz
Kräutersträußchen aus:
Schnittlauch, Petersilie, Rosmarin, Salbei, Majoran, Thymian
nach Belieben 1 Chilischote oder mehr
Knoblauch
250 g Quark
50 ml Milch
1 – 2 Eier
1 EL Gomasio
schwarzer Pfeffer, frisch gemahlen
50 g Parmesan oder Sbrienz, gerieben
Öl für die Form

Nudeln in reichlich Salzwasser al dente kochen. Abgießen und etwas abkühlen lassen.
Kräuter waschen und trockentupfen. Schnittlauch, Petersilie, Rosmarinnadeln, Salbei- und Majoranblättchen fein schneiden. Thymianblättchen von den Stängeln zupfen.
Chilischote von den Kernen befreien und ebenfalls fein schneiden, Knoblauch durch eine Presse drücken.
Quark mit der Milch glatt rühren. Eier und vorbereitete Kräuter, Chilischote, Knoblauch, Gomasio, Pfeffer sowie den geriebenen Käse dazugeben. Nach Belieben mit Salz abschmecken.
Eine Auflaufform einölen. Spiralnudeln einfüllen. Die Quarkmischung darauf verteilen. Die Form in den auf 180 °C vorgeheizten Backofen stellen und den Auflauf etwa 30 Minuten backen.

Nudel-Gemüse-Auflauf

350 – 400 g Quinoanudeln oder Vollkorn-Spiralnudeln
Salz
200 g Räuchertofu
250 – 300 g Muskatkürbis
1 große rote Paprikaschote
2 – 3 Fleischtomaten
12 Safrannarben
50 ml warmes Wasser
Olivenöl
200 – 250 ml Sahne
Salz oder Kräutersalz
schwarzer Pfeffer, frisch gemahlen
50 g Parmesan, gerieben

Nudeln in reichlich Salzwasser knapp al dente kochen.
Tofu in kleine Würfel schneiden. Kürbis und Paprika putzen und in feine Würfel schneiden. Die Tomaten kreuzweise einschneiden, kurz in kochendes Wasser tauchen und anschließend schälen. Tomaten quer zur Mitte durchschneiden und die Samen entfernen, in Würfel schneiden.
Safrannarben einige Minuten in warmem Wasser einweichen. Tofu in etwas Olivenöl anbraten und mit den Gemüsewürfeln mischen. Wasser und Safran mit der Sahne vermischen und nach Belieben mit Salz und Pfeffer würzen.
Die Nudeln mit der Gemüse-Tofu-Mischung vermischen, in eine gefettete Auflaufform mit Deckel geben. Auflauf mit der Safran-Sahne übergießen. Zugedeckt im auf 200 °C vorgeheizten Ofen etwa 30 Minuten garen. Dann Deckel entfernen. Das Gericht mit geriebenem Parmesankäse bestreuen. Nochmals in den Ofen schieben, bis der Käse geschmolzen ist.

Nudel-Shiitake-Auflauf

7 – 8 getrocknete Shiitake-Pilze
250 g Tofu
2 EL Tamari
350 – 400 g Vollkorn-Spiralnudeln oder Bandnudeln
1 große Stange Porree
1 mittlerer Chinakohl
½ rote Paprikaschote
etwas Öl
2 EL Gomasio
Salz
Öl für die Form
250 ml Sahne
2 EL trockener Sherry oder Reiswein
schwarzer Pfeffer, frisch gemahlen
2 EL Sesam
Parmesan, gerieben

Pilze 3 – 4 Stunden in etwas lauwarmem Wasser einweichen. Abtropfen lassen und fein schneiden, Einweichwasser aufbewahren.
Tofu in feine Würfelchen schneiden. Mit Tamari beträufeln und ziehen lassen.
Nudeln in reichlich Salzwasser al dente kochen, anschließend abgießen und abkühlen lassen.
Den Porree putzen, waschen und in etwa 2 mm breite Ringe schneiden. Den Chinakohl ebenfalls putzen, waschen und in dünne Streifen schneiden. Paprika putzen, waschen und in kleine Stücke zerteilen. Gemüse in etwas Öl dünsten. Mit Gomasio und Salz nach Bedarf würzen.
Gemüse mit Nudeln, Pilzen und Tofu mischen und in eine gefettete Auflaufform geben. Sahne mit etwas Einweichwasser der Pilze und dem Sherry oder Reiswein mischen. Nach Belieben mit etwas Salz und Pfeffer abschmecken.

Nudel-Gemüse-Mischung mit Sesam bestreuen und mit der Sahne begießen. Bei 200 °C etwa 20 – 25 Minuten im Backofen überbacken. Den Auflauf am Anfang mit einem Backpapier abdecken oder einen passenden Deckel auf die Form legen.
Deckel der Auflaufform entfernen. Das Gericht reichlich mit geriebenem Parmesan bestreuen. Nochmals in den Ofen schieben, bis der Käse leicht Farbe angenommen hat.

Gemüselasagne

1 mittelgroße Zwiebel
1 – 2 EL Olivenöl
1 Möhre
1 kleines Stück Sellerie
2 – 3 Knoblauchzehen nach Belieben
200 – 250 g Tofu
einige Rosmarinnadeln
einige Blättchen Oregano
2 – 3 Gewürznelken
½ Lorbeerblatt
800 g frische Tomaten (eventuell Konserve)
1 geh. EL Tomatenpüree
1 Schuss trockener Rotwein
Salz
schwarzer Pfeffer, frisch gemahlen
etwas Olivenöl für die Form
10 – 12 vorgekochte Lasagneblätter
100 – 125 g Mozzarella
50 g Parmesan, gerieben

Für die Béchamelsauce:
40 g Butter
40 g Vollkornmehl, gesiebt
½ l heiße Milch
50 g Parmesan, gerieben
Salz
schwarzer Pfeffer, frisch gemahlen
Butterflöckchen

Zwiebel sehr fein schneiden und im Olivenöl glasig dünsten. Möhre und Sellerie putzen. Mit einer mittelfeinen Reibe reiben. Zur Zwiebel geben und mitdünsten. Knoblauchzehen schälen und sehr fein schneiden. Ebenfalls kurz mitdünsten.

Tofu grob reiben und zum Gemüse geben. Rosmarinnadeln und Oreganoblättchen schneiden. Mit den Gewürznelken und dem halben Lorbeerblatt zur Mischung geben.
Die Tomaten schälen, entkernen, fein schneiden und mit dem Tomatenpüree zum Gemüse geben. Einen Schuss Rotwein beifügen und mit Salz und Pfeffer würzen. Das Ragout etwa 30 Minuten sanft köcheln lassen.
Für die Sauce die Butter erhitzen. Das Vollkornmehl beigeben und unter Rühren anschwitzen. Mit der heißen Milch ablöschen und mit dem Schneebesen kräftig rühren, damit sich keine Klümpchen bilden. Den geriebenen Parmesan beigeben und die Béchamelsauce mit Salz und Pfeffer würzen.
Eine Auflaufform mit etwas Olivenöl ausstreichen. Mit einer Lage Lasagneblätter belegen und auf diese einen Teil des Gemüses geben. Mozzarella in Würfelchen schneiden und einen entsprechenden Teil auf dem Ragout verteilen.
Bei den folgenden Lagen auf dieselbe Art verfahren, bis Ragout, Mozzarella und Lasagneblätter aufgebraucht sind. Die letzte Lage mit der Béchamelsauce bedecken. Einige Butterflöckchen darauf verteilen und die Lasagne in den auf 200 °C vorgeheizten Backofen schieben. 30 – 40 Minuten backen.

Lasagne mit Auberginen

2 – 3 Auberginen
Salz
8 Lasagneblätter
2 – 3 EL Olivenöl
1 kg Tomaten
2 – 3 Knoblauchzehen
1 EL Olivenöl
schwarzer Pfeffer, frisch gemahlen
½ TL italienische Kräutermischung
300 g Doppelrahmfrischkäse oder anderer Käse

Die Auberginen in etwa 1 cm dicke Scheiben schneiden. Mit Salz bestreuen und ruhen lassen. Die Lasagneblätter einzeln in kochendes Salzwasser gleiten lassen und knapp al dente kochen. Die Auberginenscheiben trockentupfen und in Olivenöl anbraten. Auf ein Küchenkrepp legen, damit das überschüssige Fett entfernt wird. Die Tomaten kreuzweise einschneiden, kurz in kochendes Wasser tauchen. Dann schälen, entkernen und in Würfelchen schneiden. Den Knoblauch sehr fein hacken. Die Tomatenwürfelchen kurz in etwas Olivenöl dünsten. Den fein gehackten Knoblauch, das Salz und den frisch gemahlenen Pfeffer hinzufügen.
Einen Teil der gebratenen Auberginenscheiben in eine Auflaufform einschichten und mit italienischer Kräutermischung würzen. Je eine Lasagneplatte mit Frischkäse oder mit Käse Ihrer Wahl nicht zu dünn bestreichen oder belegen. Die zweite Lasagneplatte darauf legen. Die Auberginescheiben mit den Lasagne-Doppelplatten belegen und wiederum mit einer Lage Auberginenscheiben decken. Auch diese mit etwas italienischer Kräutermischung würzen.
Die Tomatenwürfel als letzte Lage auf dem Auflauf verteilen. Den Auflauf bei 180 °C etwa 30 Minuten backen.

Sauerkraut-Kartoffel-Auflauf

1 mittelgroße Zwiebel
1 EL Öl
600 – 700 g Sauerkraut
2 – 3 Scheiben Ananas oder Apfel
etwas Olivenöl für die Auflaufform
3 – 4 große Kartoffeln
½ mittelgroße Zwiebel
1 TL Koriander
1 TL Kreuzkümmel (Cumin)
1 TL Pfefferkörner
Salz
1 EL Olivenöl

Zwiebel fein schneiden und im Öl ganz langsam glasig dünsten. Sauerkraut hinzufügen. Die in Würfelchen geschnittenen Ananas- oder Apfelscheibchen mit dem Sauerkraut vermischen.
Eine Auflaufform mit etwas Olivenöl ausstreichen und das Sauerkraut hineingeben.
Die Kartoffeln waschen und auf der Rohkostreibe reiben. Die Zwiebel sehr fein hacken und zur Kartoffelmasse geben. Koriander, Kreuzkümmel und Pfeffer im Mörser zerstoßen oder mit der Gewürzmühle mahlen. Die geriebenen Kartoffeln mit dem Salz, den Gewürzen und dem Öl mischen und auf das Sauerkraut geben.
Den Auflauf im Backofen bei 180 °C etwa 50 Minuten garen. Die Kartoffelmasse darf hellbraun und knusprig gebacken sein.

Kartoffel-Tofu-Auflauf

900 g mehlig kochende Kartoffeln
250 g Möhren
200 g Erbsen, frisch oder tiefgekühlt
200 g Tofu
Tamari
350 g Blattspinat, frisch oder tiefgekühlt
2 EL Olivenöl
2 Knoblauchzehen
1 EL Gomasio
1 EL Olivenöl für die Form
50 ml Sahne
100 g Gruyère oder Emmentaler
Kräutersalz
schwarzer Pfeffer, frisch gemahlen
2 Prisen Muskatnuss, frisch gemahlen
½ TL frische Majoranblättchen
2 Eiweiß
Butterflöckchen

Kartoffeln schälen, in kleine Würfel schneiden. Möhren putzen, waschen, in feine Würfel schneiden. Kartoffeln, Möhren und frische Erbsen separat im Dampfkörbchen garen (tiefgekühlte Erbsen nicht vorgaren).
Den Tofu in kleine Würfel schneiden, mit Tamari beträufeln, etwas ziehen lassen.
Spinat waschen und putzen (Tiefkühlware auftauen lassen). Das Olivenöl erhitzen, die geschälten Knoblauchzehen ganz ins Öl legen und braten, bis sie hellbraun sind. Aus dem Öl nehmen. Den Spinat in dem mit Knoblauch aromatisierten Öl dünsten. Mit Gomasio würzen und mischen. Eine Auflaufform mit Olivenöl ausstreichen und den Spinat darin verteilen.
Kartoffeln durch die Kartoffelpresse drücken. Den Tofu in etwas Öl leicht anbraten. Möhrenwürfel, Erbsen und angebratene Tofuwürfel mit der Kartoffelmasse mischen, die Sahne unterziehen.

Den Käse in feine Würfel schneiden und zu der Gemüse-Kartoffel-Mischung geben. Mit Kräutersalz, Pfeffer, Muskatnuss und fein geschnittenen Majoranblättchen würzen. Das Eiweiß zu Schnee schlagen und unter die Kartoffelmasse heben. Diese auf dem Spinatbett verteilen.
Den Auflauf im Backofen bei 200 °C etwa 40 Minuten backen, bis die Oberfläche leicht gebräunt ist. Mit Butterflöckchen belegen und servieren.

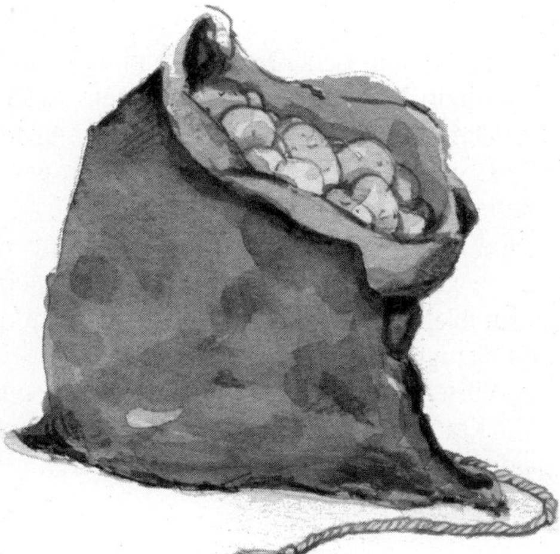

Kartoffel-Blattspinat-Auflauf mit verlorenen Eiern

600 – 700 g Kartoffeln
1 EL ungehärtetes Pflanzenfett
Kräutersalz
1 Zwiebel
1 – 2 EL Öl
500 g Blattspinat (frisch oder tiefgekühlt)
1 – 2 Knoblauchzehen
1 mittelgroße Möhre
1 – 2 EL Rosinen
Kräutersalz
schwarzer Pfeffer, frisch gemahlen
2 Prisen Muskatnuss, gerieben
100 ml Crème fraîche
Salz
4 Eier

Kartoffeln waschen, wenn sie schon sehr alt sind, schälen und je nach Größe halbieren oder ganz belassen. Das Fett in einer Auflaufform schmelzen. Die Kartoffeln hineingeben und mit dem Kräutersalz sparsam bestreuen. Die Form in den Backofen schieben und die Kartoffeln bei 200 °C etwa 30 Minuten backen. Nach der Hälfte der Backzeit wenden.
Zwiebel in sehr kleine Würfel schneiden. Öl in einem Topf erhitzen und die Zwiebel darin glasig dünsten. Den Spinat dazugeben und kurz mitdünsten. Knoblauch sehr fein schneiden oder durch die Presse drücken und dazugeben.
Möhre in sehr feine Würfel schneiden und mit den Rosinen unter den Spinat mischen. Mit Kräutersalz, Pfeffer und Muskatnuss würzen. Die Crème fraîche dazugeben und alles gut vermischen.

Auflaufform aus dem Backofen nehmen. Die Kartoffeln an den Rand schieben und den Spinat in die Mitte der Form geben. Mit dem Kochlöffel leichte Vertiefungen für die verlorenen Eier schaffen.
Wasser mit etwas Salz in einem nicht zu großen Topf zum Kochen bringen, die Eier aufschlagen und einzeln sorgfältig ins leise kochende Wasser gleiten lassen. Wenn die Eier etwas fest geworden sind, mit einem Teesieb aus dem Wasser holen und in die vorbereiteten Vertiefungen im Spinat legen. Form wieder in den heißen Backofen schieben und den Auflauf weitere 20 Minuten backen.

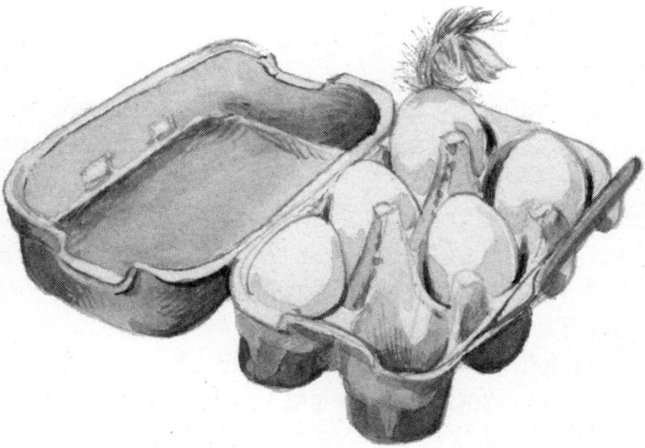

Mangoldauflauf mit Kartoffelfächern

1 mittlere Zwiebel
1 EL Öl
1 kg Mangold
50 ml Gemüsebrühe
1 daumengroßes Stück frischer Ingwer
Salz
1 geh. TL Koriander, zerstoßen
40 g Rosinen
1 geh. EL Kokosraspel
200 ml Sahne
2 EL Zitronensaft
4 – 6 Kartoffeln

Zwiebel fein schneiden und im Öl sanft dünsten. Mangoldblätter waschen. Das Grün der Mangoldblätter von den Stielen schneiden (geht sehr einfach mit einer Schere). Stiele in etwa 1 cm breite Streifen schneiden, zur Zwiebel geben und etwas mitdünsten. Gemüsebrühe angießen und die Stiele weiterdünsten. Mangoldblätter ebenfalls in Streifen schneiden und zu den Stielen geben. Weiterdünsten, bis die Mangoldblätter zusammenfallen.
Ingwer schälen und sehr fein schneiden. Mit etwas Salz und den zerstoßenen Koriandersamen sowie den Rosinen und Kokosraspel dem Gericht beigeben.
Die Sahne mit dem Zitronensaft und nach Wunsch etwas Salz mischen. Den gewürzten Mangold in eine Auflaufform mit Deckel geben und mit der Zitronensahne überziehen. Etwas von der Sahne für die Kartoffelfächer zurückbehalten.
Die rohen Kartoffeln waschen und in sehr feine Scheiben schneiden. Fächerartig auf dem Mangold verteilen. Mit der restlichen Sahne bestreichen. Den Auflauf bei 200 °C abgedeckt etwa 30 Minuten im Ofen backen. Den Deckel entfernen und das Gericht einige Minuten weiterbacken, bis die Kartoffeln Farbe angenommen haben.

Süßkartoffelauflauf

700 – 800 g Süßkartoffeln
400 g Äpfel
1 EL Sesamöl oder anderes Öl
Kräutersalz
1½ – 2 TL getr. Dillspitzen oder entsprechend frische
1 Stange Porree
100 ml Gemüsebrühe
100 ml Sahne
2 MSP Muskatnuss, frisch gerieben
200 g Gruyère, gerieben
1 – 2 EL Sesam

Die Süßkartoffeln mit einer Bürste waschen und in etwa 1 mm dünne Scheibchen schneiden. Äpfel schälen, vierteln, Kerngehäuse entfernen und ebenfalls in dünne Scheibchen schneiden.
Eine Auflaufform mit Sesamöl ausstreichen. Süßkartoffelscheibchen und Apfelscheibchen abwechselnd dachziegelartig einschichten. Mit Kräutersalz und Dillspitzen bestreuen.
Porree putzen, waschen und in Ringe schneiden. Auf der Süßkartoffel-Apfel-Mischung verteilen.
Gemüsebrühe mit der Sahne mischen und mit Muskatnuss würzen. Sauce über den Auflauf gießen. In den Backofen schieben und bei 220 °C 35 Minuten bei geschlossenem Deckel garen. Dann den Deckel entfernen.
Den geriebenen Gruyère mit den Sesamsamen mischen, auf den Auflauf streuen und noch etwa 15 Minuten überbacken.

Ramequin (Käse-Brot-Auflauf)

300 g Gruyère oder Raclettekäse
300 g Vollkornbrot (evtl. Toastbrot)
25 g Butter
*300 g Kürbis nach Belieben **
3 Eier
150 ml Milch
150 ml Sahne
½ Glas Weißwein
Salz
schwarzer Pfeffer, frisch gemahlen
etwas Muskatnuss, gemahlen
1 Zweig frischer Majoran (oder 2 Prisen getrocknet)
1 Zweiglein frisches Bohnenkraut (oder 2 Prisen getrocknet)

Den Käse in Scheiben schneiden (gleich viele Käsescheiben wie Brotscheiben).
Brotscheiben beidseitig sparsam mit Butter bestreichen. Ein Backblech mit Backpapier auskleiden. Brotscheiben darauf legen und im vorgeheizten Backofen gleichmäßig bräunen. Dann die Scheiben wenden und die zweite Seite ebenfalls toasten. Leicht auskühlen lassen.
Brotscheiben abwechselnd mit den Käsescheiben dachziegelartig in eine Auflaufform schichten.
Wenn Sie den Auflauf etwas weniger deftig mögen, können Sie jeweils zwischen die Brot- und Käsescheiben eine dünn geschnittene rohe Kürbisscheibe legen.
Eier mit Milch, Sahne, Weißwein, Salz, Pfeffer und Muskatnuss mischen. Majoranblättchen abzupfen, fein schneiden und zur Ei-Milch-Mischung geben. Die Bohnenkrautblättchen abzupfen und hinzufügen. Die Mischung über den geschichteten Auflauf gießen.
Auflauf etwa 30 Minuten bei 200 °C im Backofen backen

* Der Kürbis ist nicht typisch, macht das Gericht aber leichter.

Bunte Sommermischung auf Maisbett

850 ml Wasser
1 TL Salz
200 g mittelgrober Polentagrieß
1 Zwiebel
2 EL Olivenöl
2 Paprikaschoten
1 Möhre
200 g Zucchini oder Kürbis
2 – 3 Fleischtomaten
1 – 2 Knoblauchzehen
1 Zweig Rosmarin
2 Salbeiblätter
1 Zweig Thymian
schwarzer Pfeffer, frisch gemahlen
Salz nach Belieben
1 EL Olivenöl
Parmesan, gerieben

Für die Polenta das Wasser mit Salz aufkochen. Den Polentagrieß einrühren und aufkochen lassen. Hitze drosseln, die Polenta etwa 20 Minuten köcheln. Von Zeit zu Zeit umrühren.
Zwiebel schneiden und im Olivenöl glasig dünsten. Paprika putzen, in Streifen schneiden. Möhre in Scheiben, Zucchini in Halbmonde oder Kürbis in dünne Scheibchen schneiden. Gemüse zu den Zwiebeln geben und mitdünsten.
Die Tomaten schälen, entkernen und in kleine Stücke schneiden. Fein geschnittenen Knoblauch, Rosmarin, fein geschnittene Salbeiblätter, abgezupfte Thymianblättchen sowie den Pfeffer beigeben. Alles kurz dünsten und nach Belieben mit etwas Salz würzen.
Ofenform mit Olivenöl ausstreichen. Polenta hineingeben und glatt streichen. Gemüsemischung auf dem Polentabett verteilen. Im Backofen bei 200 °C etwa 35 – 40 Minuten garen. Kurz vor Ende der Backzeit den Auflauf nach Belieben mit Parmesan bestreuen. Wieder in den Ofen schieben, bis der Käse leicht Farbe angenommen hat.

Dinkelgrießauflauf

1 l Gemüsebrühe
100 ml Sahne
150 g Dinkelgrieß
400 g Möhren
200 g Knollensellerie
300 g Brokkoliröschen oder kleiner Rosenkohl
200 g Räuchertofu
1 EL Öl
1 Zwiebel
1 Bund Petersilie
2 – 3 Knoblauchzehen
Kräutersalz
schwarzer Pfeffer, frisch gemahlen
2 Eiweiß
1 Prise Salz
Öl für die Form
150 g Gruyère, gerieben

Gemüsebrühe zum Kochen bringen. Sahne dazugießen und den Dinkelgrieß unter stetem Rühren einrieseln lassen. 10 – 15 Minuten unter gelegentlichem Rühren sanft köcheln.
Inzwischen Möhren, Sellerie, Brokkoli oder Rosenkohl putzen und in etwa 1cm große Würfelchen schneiden. Den Räuchertofu ebenfalls entsprechend würfeln.
Öl in einem Topf erhitzen. Zwiebel hacken und im Öl leicht andünsten. Petersilie und Knoblauch ebenfalls fein hacken, zu den Zwiebeln geben und mitdünsten.
Möhren, Sellerie-, Brokkoli- und Tofuwürfel zu den glasig gedünsteten Zwiebeln geben und einige Minuten mitdünsten. Leicht mit Salz und Pfeffer würzen. Gemüse mit dem Dinkelgrieß mischen.

Eiweiß mit einer Prise Salz zu Schnee schlagen und unter die Masse ziehen.
Eine Auflaufform mit Öl ausstreichen. Die Grieß-Gemüse-Mischung hineingeben und glatt streichen. Im Backofen bei 200 °C 40 – 45 Minuten backen. Dann mit dem geriebenen Käse bestreuen. Nochmals in den heißen Ofen schieben, bis der Käse geschmolzen ist.

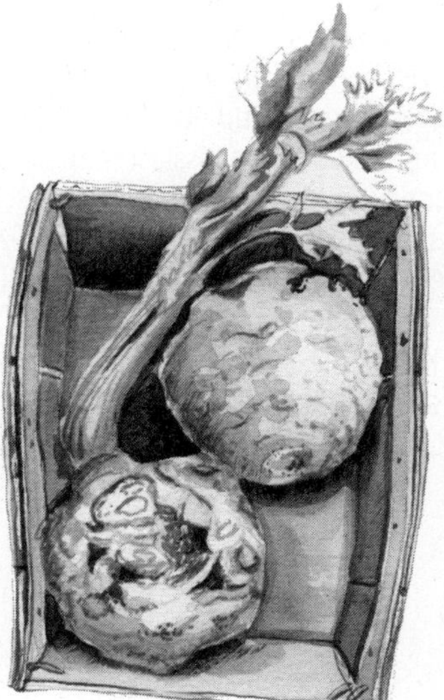

Ein kerniger Auflauf

200 g Dinkel
1 Stange Porree
1 EL Öl
2 Knoblauchzehen
500 g Brokkoli
2 Fleischtomaten
2 EL Gomasio
80 g Gruyère, gerieben
etwas Kräutersalz
Öl für die Form
3 große oder 4 kleine Eier
250 ml Sahne
50 ml Kochwasser von den Dinkelkörnern
Salz
schwarzer Pfeffer, frisch gemahlen

Dinkelkörner waschen und einige Stunden, am besten über Nacht, einweichen. Dann mit dem Einweichwasser (etwa 500 ml) zum Kochen bringen und etwa 35 Minuten bei niedriger Hitze garen. Die Körner sollten noch bissfest sein. Dinkel abgießen, dabei das restliche Kochwasser aufbewahren.
Porree putzen und in etwa ½ cm breite Ringe schneiden. Das Öl in einer großen Pfanne erhitzen und die Porreestreifen darin dünsten. Knoblauch fein schneiden und dazugeben.
Brokkoli putzen und in kleine Röschen teilen. Strünke schälen und in Scheiben schneiden. Die Tomaten schälen, entkernen und fein würfeln.

Brokkoli, Tomatenstückchen, Dinkelkörner und Gomasio mit dem Porree vermischen. Käse ebenfalls dazugeben und alles gut mischen. Nach Belieben mit etwas Kräutersalz würzen.
Eine Auflaufform mit Deckel einölen und die Getreide-Gemüse-Mischung darin verteilen.
Eier mit der Sahne und dem Dinkelkochwasser mischen. Mit Salz und Pfeffer würzen. Über die Gemüsemischung gießen. Deckel auf die Auflaufform setzen und den Auflauf bei 200 °C etwa 30 Minuten backen. Dann den Deckel entfernen und noch etwa 15 Minuten weiterbacken. Vor dem Servieren Garprobe machen.

Reisauflauf mit Tofu

200 g Basmati-Vollkornreis
1 Zwiebel
1 EL Sesamöl
1 – 1½ rote Paprikaschoten
1 mittelgroßer Zucchino
2 Möhren
250 – 300 g grüne Bohnen
150 g Bleichsellerie
2 – 2½ TL Currypulver
1 – 2 TL geröstetes Sesamöl
nach Belieben etwas Cayennepfeffer
200 – 250 g Tofu
etwas ungehärtetes Pflanzenfett zum Anbraten
Salz
Fett für die Form
400 ml Kokosmilch

Basmatireis waschen und in etwa 400 ml Wasser zum Kochen bringen. Etwa 30 Minuten al dente kochen.
Zwiebel grob hacken und im Sesamöl sanft dünsten.
Paprika und Zucchino putzen, in Stücke von 1½ – 2 cm schneiden.
Möhren und Bohnen putzen und ebenfalls in kleine Stücke schneiden, in ein Dampfkörbchen geben und garen (sie sollen noch »Biss« haben).
Sellerie putzen und in feine Ringe schneiden. Gemüse zur gedünsteten Zwiebel geben, mit Currypulver anstäuben und einige Minuten unter gelegentlichem Rühren sanft weiterdünsten.
Mit geröstetem Sesamöl und nach Belieben mit etwas Cayennepfeffer würzen. (Vergewissern Sie sich erst, ob Ihr Curry mild oder scharf ist.)

Tofu in nicht zu große Würfel schneiden und etwas anbraten. Reis und Tofu zum Gemüse geben und alles gut vermischen. Mit Salz abschmecken.
Eine Auflaufform mit Öl ausstreichen. Die Gemüse-Reis-Mischung hineingeben. Die Kokosmilch nach Belieben etwas salzen und auf der Mischung verteilen. Wenn die Milch zu dickflüssig ist, mit etwas Wasser verdünnen. Das Gericht bei 200 °C in den Backofen schieben und 35 – 40 Minuten garen.

Reis-Linsen-Auflauf

½ Zwiebel
1 EL Öl (z. B. Sesamöl)
200 g Basmati-Vollkornreis
½ Zimtstange
1 – 2 Chilischoten
500 ml Gemüsebrühe
200 g grüne Linsen
125 g Naturjoghurt
50 ml Sahne
Öl für die Form
500 g Möhren
1 Bund Petersilie
100 g Kokosraspel
3 EL Walnusskerne, grob gehackt
3 – 4 cm großes Stück frischer Ingwer
Salz
2 EL Sesamöl
evtl. einige Butterflöckchen

Zwiebel fein schneiden. Öl in einem Topf erhitzen. Zwiebel sanft darin andünsten.
Basmatireis waschen, zusammen mit der Zimtstange zu den Zwiebeln geben und sanft dünsten. Die Chilischoten beigeben und den Reis mit der heißen Gemüsebrühe ablöschen. Etwa 20 Minuten zugedeckt bei niedrigen Temperaturen köcheln lassen.
Linsen waschen, zum Reis hinzugeben und zusammen weitergaren, bis Reis und Linsen al dente sind.
Joghurt mit der Sahne mischen. Eine Auflaufform mit etwas Öl ausstreichen. Die Reis-Linsen-Mischung mit der Joghurtsahne vermischen und in die Auflaufform geben.
Die Möhren putzen und mit der Rohkostreibe reiben. Fein gehackte Petersilie, Kokosraspel und grob gehackte Walnusskerne dazugeben. Ingwer schälen, fein schneiden und durch die Knoblauchpresse drücken. Alles zu den Möhren geben und mit etwas Salz abschmecken.

Das Sesamöl unter die Möhren ziehen. Gemüse auf der Reis-Linsen-Mischung verteilen und nach Wunsch mit Butterflöckchen belegen. Im Backofen bei 200 °C etwa 15 Minuten zugedeckt, dann noch 15 – 20 Minuten offen garen.

Hirseauflauf

300 g Tofu, Feta oder Paneer (siehe Seite 15)
2 TL Tandoori-Masala
Salz
1 EL Sesamöl
1 EL Maiskeimöl
1 Zwiebel
1 EL Öl zum Dünsten
3 Kardamom-Kapseln
1 – 2 kleine Chilischoten (Vorsicht, sehr scharf)
1 TL Kreuzkümmel (Cumin)
½ TL Kurkuma (möglichst frisch gemahlen)
1 geh. TL Zitronengras, fein geschnitten
200 g Hirse
450 ml Gemüsebrühe
300 g Kürbis
1 kg Fleischtomaten
Fett für die Form
1 – 2 EL Sesamöl

Tofu, Feta oder Paneer grob würfeln. Tandoori-Masala mit etwas Salz, Sesam- und Maiskeimöl mischen. Die Käse- oder Tofuwürfel in eine Schüssel geben und mit dem gewürzten Öl vermischen, 3 – 4 Stunden ziehen lassen.
Zwiebel fein schneiden. Öl in einem Topf erhitzen und die Zwiebel darin glasig dünsten. Kardamom, Chili, Kreuzkümmel und Kurkuma dazugeben und mitdünsten. Fein geschnittenes Zitronengras hinzufügen.
Hirse waschen und zu den Zwiebeln geben. Ebenfalls etwas dünsten und dann mit der heißen Gemüsebrühe ablöschen.
Kürbis schälen, von Samen und Fasern befreien und in kleine Stücke schneiden. Kürbis zur Hirse geben und zusammen etwa 10 Minuten kochen, bis die Hirse fast gar ist (Sie können diese Mischung auch bereits in die Auflaufform geben und im Ofen etwa 30 Minuten garen).

Die Tomaten schälen, entkernen und in kleine Stücke schneiden. 2 – 3 EL Tomatensaft (entsteht beim Schälen und Entkernen) unter die Hirse mischen.
Hirse in eine gefettete Auflaufform geben. Mit den Tomatenstückchen dicht belegen. Leicht salzen. Das Sesamöl erwärmen und die Tomatenwürfel damit beträufeln.
Tofu-, Feta- oder Paneerwürfel auf dem Auflauf verteilen. Das Gericht bei 200 °C in den Backofen schieben und 20 – 30 Minuten garen, bis die Würfel leicht gebräunt sind.

Herzhafte Gratins

Champignon-Tomaten-Gratin

300 – 350 g frische Champignons
1 kg Tomaten
1 große Zwiebel
2 EL Olivenöl
Salz
schwarzer Pfeffer, frisch gemahlen
Fett für die Form
1 Bund Petersilie
2 – 3 Knoblauchzehen
etwas Olivenöl

Champignons putzen und in Scheiben schneiden. Tomaten schälen und entkernen (quer halbieren, die Kammern freilegen und die Samen entfernen). Tomaten in nicht zu dünne Scheiben schneiden. Zwiebel fein hacken. Olivenöl in einem Topf erhitzen, ein Drittel der Zwiebel darin sanft dünsten. Champignons hinzufügen. Mit Salz und Pfeffer würzen.
Pilze in eine gefettete Gratinform geben. Mit den Tomatenscheiben dachziegelartig belegen. Die Tomaten ebenfalls leicht salzen. Das Gratin in den Backofen schieben und bei 200 °C 10 – 15 Minuten garen. Den Rest der Zwiebel sowie die gehackte Petersilie und den fein geschnittenen Knoblauch auf dem Gratin verteilen. Mit Olivenöl beträufeln und wieder in den Ofen schieben. Noch etwa 20 Minuten fertig garen.

Blumenkohlgratin

1 kg Blumenkohl
Öl für die Form
Kräutersalz
50 g Vollkornsemmelbrösel
70 g Käse, z. B. Gruyère oder Parmesan
1 geh. TL Paprika, mild
2 große Eier
50 ml Sahne
1 EL Öl
1 Bund Petersilie

Blumenkohl waschen und putzen und in nicht zu kleine Röschen teilen. Im Dampfkörbchen al dente kochen.
Eine Gratinform mit etwas Öl ausstreichen. Die Röschen so hineinstellen, dass möglichst viel Oberfläche entsteht. Mit Kräutersalz sparsam würzen.
Semmelbrösel, geriebenen Käse und das Paprikapulver gut mischen. Eier, Sahne und Öl dazugeben und ebenfalls gut mischen. Diese Paste gleichmäßig auf die Blumenkohlröschen auftragen.
Gratin im Backofen bei 200 °C etwa 25 Minuten überbacken, bis es eine goldfarbene Kruste hat. Aus dem Ofen nehmen und nach Wunsch mit fein gehackter Petersilie bestreuen.

Fenchelgratin

2 – 3 Fenchelknollen
Öl für die Form
Salz
1 Glas trockener Weißwein
20 – 30 g weiche Butter
4 – 8 Scheiben altbackenes Vollkornbrot
150 g Gruyère, gerieben
1 Bund Schnittlauch
schwarzer Pfeffer, frisch gemahlen

Fenchelknollen putzen und waschen. Der Länge nach vierteln und in etwa ½ cm breite Streifen schneiden. Im Dampfkörbchen knapp weich kochen.
Eine Gratinform mit Öl ausstreichen. Fenchelstreifen in die Form geben und mit etwas Salz würzen.
Weißwein mit der Butter verrühren und über die Fenchelstreifen gießen. Das Gemüse bei 200 °C in den Backofen schieben und etwa 15 Minuten garen.
Inzwischen die Brotscheiben in einer Pfanne rösten. Käse mit dem fein geschnittenen Schnittlauch und mit Pfeffer würzen. Gut mischen und die Mischung auf den gerösteten Brotscheiben verteilen.
Brot auf das Fenchelgemüse legen und gratinieren, bis der Käse geschmolzen ist.

Polenta-Fenchel-Gratin

600 ml Wasser
1 TL Salz
150 g Polentagrieß
2 große Fenchelknollen
3 – 4 Fleischtomaten oder geschälte Tomaten (Konserve)
250 g Käse (z. B. Emmentaler, Gruyère oder Freiburger Vacherin)
Olivenöl für die Form
Kräutersalz
Kräuter der Provence
2 EL Olivenöl

Wasser mit dem Salz zum Kochen bringen. Polentagrieß unter ständigem Rühren einrieseln und aufkochen lassen. Hitze reduzieren und die Polenta etwa 25 – 30 Minuten sanft köcheln lassen. Gelegentlich umrühren.

Wenn sich die Polenta vom Topfrand löst, auf ein Küchenbrett stürzen und mit einem feuchten Messer glatt streichen. Polenta etwas auskühlen lassen und dann in etwa 1 cm dicke Scheiben schneiden.

Inzwischen die Fenchelknollen putzen, waschen und längs in gleich dicke Scheiben schneiden. Im Dampfkörbchen al dente kochen.

Tomaten kreuzweise einschneiden, kurz in kochendes Wasser legen, schälen und anschließend in Scheiben schneiden. Käse ebenfalls in dünne Scheiben schneiden.

Eine Gratinform mit etwas Olivenöl ausstreichen. Eine Reihe Polentaschnitten quer zur Auflaufform schräg aufrecht hineinsetzen. Mit einer Reihe Fenchelscheiben anschließen. Den Fenchel nach Wunsch mit etwas Kräutersalz bestreuen. Als Nächstes folgt eine Reihe Käsescheiben. Dann wieder Polenta, Fenchel, Käse, bis alle Zutaten aufgebraucht sind.

Das Polentagemüse mit den Tomatenscheiben belegen, diese leicht salzen und mit Kräutern der Provence oder einer italienischen Kräutermischung bestreuen. Mit etwas Olivenöl beträufeln.

Das Gratin bei 200 °C im Backofen etwa 30 Minuten überbacken.

Gebackene Paprikastreifen mit »Auflage«

4 rote oder gelbe Paprikaschoten
Olivenöl für die Form
Kräutersalz
300 g Gemüsemais (Konserve oder tiefgekühlt)
15 – 20 schwarze Oliven, entsteint
15 getrocknete, in Öl eingelegte Tomatenhälften
50 g Käse, gerieben
Salz
schwarzer Pfeffer, frisch gemahlen
150 ml Gemüsebrühe

Paprika waschen, längs aufschneiden und Samen entfernen. Die Schoten in 7 – 8 cm breite Streifen schneiden.
Eine Gratinform mit Olivenöl einölen. Mit den Paprikastreifen belegen. Leicht salzen. In den auf 200 °C vorgeheizten Backofen schieben und 10 Minuten backen.
Inzwischen die Maiskörner abgießen oder die tiefgekühlten Maiskörner blanchieren und in eine Schüssel geben. Oliven in feine Stücke schneiden. Tomatenhälften ebenfalls fein schneiden. Mit dem ihnen anhaftenden Öl zu den Maiskörnern geben. Geriebenen Käse darunter mischen und mit Salz und Pfeffer würzen.
Gratinform mit den Paprikastreifen aus dem Ofen nehmen. Die Maismischung auf den Streifen verteilen, eventuell in die Rundungen drücken. Mit heißer Gemüsebrühe angießen und die Form nochmals in den Ofen schieben. Das Gratin etwa 30 Minuten garen, bis die Paprika weich sind.

Gratinierte Chicorée

4 – 6 Stangen Chicorée, je nach Größe
Öl für die Form
50 ml kräftige Gemüsebrühe
2 TL Zitronensaft
70 – 100 g Blauschimmelkäse
50 ml Milch oder trockener Weißwein
100 ml Sahne
schwarzer Pfeffer, frisch gemahlen
einige Walnüsse

Die Chicorée waschen. Der Länge nach halbieren und in eine gefettete Ofenform legen.
Die Gemüsebrühe mit dem Zitronensaft mischen und über den Chicorée gießen. Zugedeckt im Backofen bei 200 °C 15 – 20 Minuten schmoren lassen. Eventuell bei Halbzeit offen garen, bis die Flüssigkeit fast vollständig verdampft ist.
Blauschimmelkäse zerkrümeln, mit der Milch oder dem Weißwein mischen und mit dem Stabmixer pürieren. Sahne und etwas Pfeffer hinzufügen und gut vermischen. Creme auf dem Chicorée verteilen. Walnüsse grob hacken und über den Chicorée streuen. Weitere 10 – 15 Minuten gratinieren.

Kürbisscheiben mit Käse

1 ½ kg Kürbis
etwas Olivenöl für die Form
Salz
Kräuter der Provence
2 EL Olivenöl
250 g Käse, z. B. Gruyère oder Raclette
schwarzer Pfeffer, frisch gemahlen

Kürbis schälen und von Kernen und Fasern befreien. In etwa 1 cm dicke Scheiben schneiden.
Ein Backblech mit Backpapier belegen und einölen. Die Kürbisscheiben einzeln darauf verteilen, salzen, leicht mit den Kräutern der Provence würzen und mit Olivenöl bepinseln. Bei 200 °C in den Backofen schieben und etwa 20 – 25 Minuten backen.
Den Käse in dünne Scheiben schneiden und auf jede Kürbisscheibe eine Käsescheibe legen. Mit dem Pfeffer würzen und nochmals in den heißen Ofen schieben, bis der Käse geschmolzen ist.

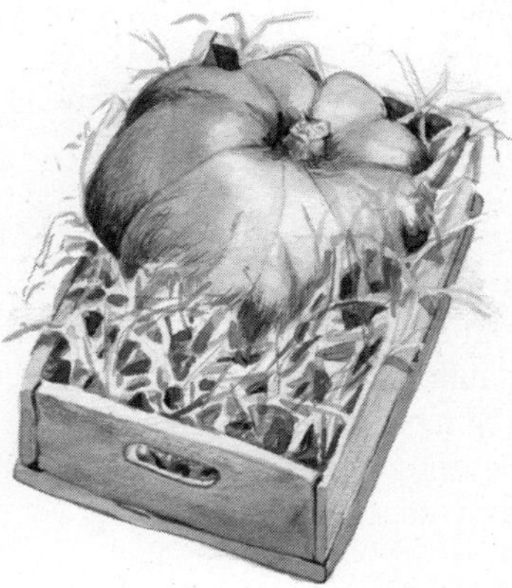

Zucchini mit Hut

1 kg große Zucchini
etwas Zitronensaft
Salz
500 – 600 g Tomaten
250 g Mozzarella
½ TL Rosmarinnadeln, fein geschnitten
einige Blättchen Oregano
3 – 4 Salbeiblättchen, fein geschnitten
1 TL Basilikumblättchen, fein geschnitten
schwarzer Pfeffer, frisch gemahlen
1 – 2 EL Olivenöl
2 EL Vollkornsemmelbrösel
250 ml Sahne
2 – 3 Knoblauchzehen
etwas weißer Pfeffer, frisch gemahlen

Zucchini waschen und in etwa 4 cm dicke Scheiben schneiden. Mit Zitronensaft beträufeln und mit Salz bestreuen.
Tomaten häuten, entkernen und in kleine Stücke schneiden. Mozzarella ebenfalls in Stückchen schneiden und mit den Tomaten mischen. Rosmarin, Oregano, Salbei und Basilikum beigeben. Mit Salz und Pfeffer abschmecken.
Olivenöl zusammen mit den Vollkornsemmelbröseln unter die Tomaten mischen.
Sahne in eine Auflaufform gießen. Den Knoblauch sehr fein schneiden oder durch eine Presse drücken und zur Sahne geben. Mit Salz und Pfeffer würzen.
Die Zucchinischeiben mit Küchenkrepp trockentupfen und in die Auflaufform setzen. Auf jede Scheibe etwas Tomaten-Mozarella-Mischung geben. Zucchinischeiben bei 180 °C in den Backofen schieben und 30 – 35 Minuten garen. Vor dem Servieren eine Garprobe machen.

Kartoffelgratin

800 – 1000 g Kartoffeln
Öl für die Form
150 ml Milch
100 ml Sahne
Salz
schwarzer Pfeffer, frisch gemahlen
2 Prisen Muskatnuss, frisch gerieben
2 – 3 EL Parmesan, gerieben

Die Kartoffeln mit einer Bürste waschen. Neue Kartoffeln ungeschält, ältere Kartoffeln geschält in feine Scheiben schneiden. Fächerartig in eine gefettete Auflaufform legen.
Die Milch mit der Sahne, dem Salz, dem Pfeffer und der Muskatnuss würzen und über die Kartoffeln gießen.
Den Backofen auf 200 °C vorheizen und das Gratin in den Ofen schieben, etwa 45 Minuten garen. Nach Belieben danach mit dem geriebenen Parmesan bestreuen und weitere 5 – 10 Minuten in den Ofen schieben.

Blumenkohl auf gebackenen Kartoffeln

800 g – 1 kg kleine, wenn möglich, neue Kartoffeln
1 EL ungehärtetes Pflanzenfett
Kräutersalz
einige Rosmarinnadeln
1 kg Blumenkohl
2 EL Butter
2 EL Vollkornsemmelbrösel
1 EL geriebene Mandeln
¼ TL abgeriebene Zitronenschale
½ TL frische Thymianblättchen oder ¼ TL getrocknete
100 g Gruyère, gerieben
etwas Kräutersalz nach Belieben

Kartoffeln mit einer Gemüsebürste waschen und mit Küchenkrepp trocknen. Fett in eine Gratinform geben und im heißen Backofen schmelzen lassen. Die Kartoffeln, je nach Größe halbiert oder ganz, hineingeben. Mit dem Kräutersalz bestreuen und gut durchschütteln. Einige Rosmarinnadeln darüber streuen.
Kartoffeln bei 200 °C im Backofen etwa 30 Minuten garen. Die Garzeit hängt von der Größe, dem Alter und der Sorte der Kartoffeln ab. Deshalb unbedingt Garprobe machen.
Inzwischen Blumenkohl putzen und möglichst als ganzen Kopf im Dampfkörbchen garen (jedoch nur so weich, dass er noch schön zusammenhält).
Gratinform aus dem Ofen nehmen. Die Kartoffeln etwas zur Seite schieben, Blumenkohl in die Mitte der Form in die entstandene Lücke setzen. Butter in einem kleinen Topf schmelzen. Semmelbrösel und die geriebenen Mandeln darunter mischen. Mit der abgeriebenen Zitronenschale und den Thymianblättchen würzen. Leicht auskühlen und dann den geriebenen Käse dazugeben. Den Blumenkohl mit etwas Kräutersalz bestreuen und die Käsemasse sorgfältig auf dem Blumenkohl verteilen.
Gratin nochmals in den heißen Ofen schieben und etwa 15 – 20 Minuten überbacken.

Überbackene Kartoffelscheiben

4 – 6 Kartoffeln, je nach Größe (und Appetit)
2 – 3 EL Oliven- oder Rapsöl
2 – 3 Lorbeerblätter
1 TL Kümmel
2 – 3 MSP Kurkuma
Salz
150 – 200 g Käse (z. B. Emmentaler)
1 Bund Schnittlauch
½ TL Paprika, edelsüß

Kartoffeln waschen und der Länge nach in etwa 1 cm dicke Scheiben schneiden. Darauf achten, dass sie gleichmäßig dick sind.
Öl auf ein Backblech geben. Die Lorbeerblätter zerkrümeln und mit dem Kümmel und dem gemahlenen Kurkuma dazugeben und gut mischen.
Kartoffelscheiben in das Öl legen und darin wenden, sodass die Scheiben auf beiden Seiten eingeölt sind. Dann mit etwas Salz bestreuen.
Backblech in den auf 200 °C vorgeheizten Backofen schieben und die Kartoffeln etwa 15 Minuten backen.
In der Zwischenzeit den Käse reiben und mit fein geschnittenem Schnittlauch und dem Paprikapulver mischen.
Käsemischung auf den Kartoffelscheiben verteilen und das Blech nochmals in den Ofen schieben, bis der Käse geschmolzen ist.

Kartoffeln mit Birnen und Käse

4 große Kartoffeln
Kräutersalz
2 EL Öl
4 reife Birnen
250 – 300 g Käse, z. B. Gruyère oder Raclette
einige Prisen Paprika, edelsüß
2 EL geschälte Erdnüsse
1 Bund Schnittlauch

Kartoffeln waschen und in etwa 1 cm dicke Scheiben schneiden. Mit Kräutersalz bestreuen.
Ein Backblech mit Backpapier auslegen und einölen. Mit den Kartoffelscheiben belegen und Oberseiten der Kartoffeln ebenfalls mit Öl bepinseln.
Das Backblech in den Backofen schieben und die Kartoffeln etwa 15 Minuten bei 200 °C backen. (Garprobe machen.)
Die Birnen schälen und in etwa ½ cm dicke Scheiben schneiden. Kerngehäuse entfernen.
Blech aus dem Ofen nehmen, jede Kartoffelscheibe mit einer Birnenscheibe belegen. Kartoffeln wieder in den Ofen schieben, damit die Birnen warm werden.
Käse in Scheiben schneiden. Die Erdnüsse hacken und ohne Fett leicht anrösten. Die Kartoffel-Birnen mit je einer Scheibe Käse belegen und mit Paprika würzen. Erdnüsse auf dem Käse verteilen. Das Blech nochmals in den Ofen schieben, um den Käse zu schmelzen. Vor dem Servieren mit Schnittlauchröllchen bestreuen.

Rösti mit pikantem Kürbisgemüse

1 kg Kartoffeln
1 mittelgroße Zwiebel
Kräutersalz
schwarzer Pfeffer, frisch gemahlen
1 geh. EL Vollkornmehl
ungehärtetes Pflanzenfett
800 – 900 g Kürbis, geputzt
1 Zwiebel
1 EL Olivenöl
1 – 2 Chilischoten
1 TL Koriander, zerstoßen
1 TL Kreuzkümmel (Cumin), zerstoßen
2 – 3 EL Rosinen
Salz
200 g Käse, z. B. Feta oder Raclette

Neue Kartoffeln mit der Bürste waschen (ältere schälen) und grob reiben. Zwiebel fein hacken und zu den Kartoffeln geben. Mit Kräutersalz und Pfeffer würzen, mit Vollkornmehl bestäuben und gut vermischen. Aus der Masse von Hand flache Küchlein formen (wenn nötig, die Masse etwas ausdrücken) und sofort in heißem Fett knusprig braten. Fertige Rösti in einer flachen Auflaufform oder auf einem Backblech im heißen Backofen warm halten.
Kürbis schälen und von Kernen und Fasern befreien. Das Kürbisfleisch in 1 cm große Würfel schneiden. Zwiebel in feine Halbmonde schneiden. Öl in einem großen Topf erhitzen und die Zwiebel langsam dünsten. Chilischote entkernen und in ganz feine Streifchen schneiden. Zusammen mit dem zerstoßenen Koriander und Kreuzkümmel zur Zwiebel geben und 1 – 2 Minuten sanft mitbraten.
Kürbiswürfel und Rosinen beifügen, salzen und alles gut vermischen. Sanft weiterdünsten, bis der Kürbis gar ist, aber noch Biss hat.
Die Rösti mit dem Kürbisgemüse belegen. Den Käse in Scheiben schneiden und auf die Küchlein geben. In den Backofen schieben und den Käse bei 200 °C schmelzen und leicht bräunen lassen.

Frittata

(wie sie von meiner palmerischen Freundin Carmen zubereitet wird)

500 g Kartoffeln
1 Möhre
½ Gemüsezwiebel
1 EL Olivenöl
1 rote oder gelbe große Paprikaschote
1 kleiner Zucchino
2 – 3 Blumenkohlröschen
1 – 2 Bund Petersilie
150 g Gruyère
8 Eier
Kräutersalz
schwarzer Pfeffer, frisch gemahlen
Olivenöl für die Form

Kartoffeln mit einer Gemüsebürste waschen und möglichst ungeschält in etwa 1cm große Würfel schneiden. Möhre ebenfalls putzen und in gleich große Würfel schneiden. Zwiebel grob hacken.
Olivenöl in einem Topf erhitzen und das Gemüse dünsten, bis es gar, aber noch bissfest ist.
Paprika und Zucchino putzen und in Würfelchen schneiden. Blumenkohl waschen und in sehr kleine Röschen teilen. Petersilie waschen, trockentupfen und hacken. Käse in Würfelchen schneiden. Alles mit der Kartoffel-Gemüse-Mischung mischen.
Die Eier mit dem Schneebesen oder dem Handrührgerät schaumig rühren und unter das Gemüse ziehen. Mit Kräutersalz und Pfeffer abschmecken.
Eine mittelgroße, flache Ofenform mit Olivenöl ausstreichen und die Mischung hineingeben. Form bei 200 °C in den Backofen schieben und 35 – 40 Minuten backen.
Sie können die Frittata auch in der Bratpfanne braten, müssen sie aber zum Braten auf der Rückseite sehr sorgfältig wenden. Die Bratzeit in der Pfanne beträgt 20 – 25 Minuten.

Möhren-Kartoffel-Gratin

4 – 6 große Kartoffeln
2 – 3 große Möhren
1 große Stange Porree
Öl für die Form
Salz
½ TL Bockshornkleesamen
200 ml Sahne
100 ml trockener Weißwein (oder Wasser)
1 Prise Muskatnuss, frisch gerieben
Pfeffer, frisch gemahlen

Kartoffeln gut waschen und bürsten. In feine Scheiben schneiden. Möhren putzen, in feine Scheiben schneiden. Porree putzen und in nicht zu feine Ringe schneiden.
Das Gemüse in eine gefettete Ofenform mit Deckel geben. Mit Salz oder Kräutersalz und den Bockshornkleesamen bestreuen und gut vermischen.
Sahne mit dem Wein, Muskatnuss sowie Pfeffer würzen. Nach Belieben noch etwas salzen.
Die Sahnemischung über das Gemüse gießen und im auf 200 °C vorgeheizten Backofen etwa 15 Minuten zugedeckt garen. Dann den Deckel entfernen und noch 25 – 30 Minuten offen garen, bis das Gemüse gar ist.

Mangold-Kartoffel-Gratin

1 kg Mangold
1 Stange Porree
2 – 3 Knoblauchzehen
1 EL Öl
Kräutersalz
Öl für die Form
200 – 250 ml Crème fraîche
schwarzer Pfeffer, frisch gemahlen
2 Prisen Muskatnuss, frisch gerieben
4 große Kartoffeln

Mangold waschen und in etwa 1 cm breite Streifen schneiden. Porree putzen, waschen, in Ringe schneiden und mit dem Mangold und dem fein geschnittenen Knoblauch im Öl leicht andünsten. Mit Kräutersalz würzen. In eine flache, geölte Gratinform geben.
Die Crème fraîche mit Pfeffer, Muskatnuss und nach Belieben mit etwas Kräutersalz würzen. Die Creme auf dem Gemüse gleichmäßig verteilen.
Kartoffeln mit einer Gemüsebürste waschen. Der Länge nach halbieren. Kartoffeln mit einem Apfelausstecher aushöhlen und mit der Öffnung nach oben auf das Mangoldbett legen. Die Form abdecken. Wenn kein Deckel vorhanden ist, können Sie diese mit einem Backpapier, welches Sie mit Holzwäscheklammern befestigen, zudecken. Gratin bei 200 °C in den Backofen schieben und etwa 30 Minuten (je nach Kartoffelsorte) garen.
Die Form aus dem Ofen nehmen und die Kartoffelhälften mit einer der folgenden Ricotta-Mischungen füllen:

Meerrettichkäse

350 g Ricotta oder anderer Frischkäse
2 TL Walnussöl
2 TL Zitronensaft
1 EL Meerrettich, frisch gerieben oder aus dem Glas
1 ½ EL gehackte Nüsse
Kräutersalz
Pfeffer, frisch gemahlen

Ricotta mit Walnussöl und Zitronensaft glatt rühren. Meerrettich, Nüsse, Salz und Pfeffer dazugeben und alles gut vermischen. Kartoffeln mit der Mischung füllen.

Kräuterkäse

350 g Ricotta oder anderer Frischkäse
2 TL Zitronensaft
je 2 TL Schnittlauch, fein geschnitten
Petersilie, gehackt
Kapuzinerkresse, gehackt
1 TL Sauerampfer, gehackt
1 TL Dillspitzen, frisch oder getrocknet
2 – 3 EL Sbrienz oder Parmesan, gerieben

Alle Zutaten miteinander mischen und die Kartoffeln damit füllen.

Überbackene Pilze

500 – 600 g frische, gemischte Pilze (z. B. braune oder weiße Champignons, Shiitake, Austernpilze und auch Pfifferlinge)
1 kleine Zwiebel
1 EL Öl
½ Bund Petersilie
Salz
weißer Pfeffer, frisch gemahlen
150 ml Crème fraîche
800 – 900 g Kartoffeln
300 – 400 g Möhren
200 ml Milch
1 geh. EL Gomasio
ein Zweiglein frischer Majoran oder ½ TL getrockneter
50 g weiche Butter
Öl für die Form

Pilze putzen (wenn sie nicht zu sehr verschmutzt sind, am besten mit einem Pinsel reinigen, weil sie beim Waschen viel Wasser aufnehmen) und je nach Pilzsorte in Stücke oder Scheiben schneiden. Zwiebel fein hacken, Öl in einer großen Pfanne erhitzen und die Zwiebel langsam dünsten. Petersilie fein hacken und dazugeben. Pilze ebenfalls hinzufügen. Mit Salz und Pfeffer würzen. Den sich bildenden Saft sanft einkochen lassen und dann die Crème fraîche unter die Pilze ziehen.
Kartoffeln schälen, schneiden und in Wasser gut weich kochen. Die Möhren putzen. In Scheibchen schneiden und im Dampfkörbchen garen. Kartoffeln und Möhren zusammen in der »Flotten Lotte« oder mit der Kartoffelpresse zu Püree verarbeiten.
Milch erhitzen und zum Püree geben. Mit Gomasio, Salz, Pfeffer und fein geschnittenem Majoranzweig würzen. Etwa 20 g Butter in kleine Stücke schneiden und unter das Püree ziehen.

Eine Gratinform leicht einölen. Pilze in die Form geben und mit dem Kartoffel-Möhren-Püree gleichmäßig bedecken. Püree mit einem Gummispatel glatt streichen, mit einer Gabel schöne Muster anbringen.
Die Form bei 180 °C in den Backofen schieben und etwa 20 Minuten backen. Dann die restliche Butter erwärmen, bis sie flüssig ist und mit einem Pinsel auf dem Gratin auftragen. Backofen auf Grillstufe schalten und das Gericht während einiger Minuten Farbe annehmen lassen.

Gratinierte Nudeln

500 g Vollkorn-Bandnudeln
Salz
300 g grüne Bohnen
1 kleine Zwiebel
2 EL Olivenöl
800 g Fleischtomaten
2 – 3 EL Basilikum
250 – 300 g Mozzarella
Knoblauch nach Belieben
schwarzer Pfeffer, frisch gemahlen
2 – 3 EL Olivenöl
etwas Öl für die Form

Nudeln in reichlich Salzwasser al dente kochen.
Bohnen putzen und in etwa 3 cm lange Stücke schneiden. Im Dampfkörbchen garen, sie sollten aber noch Biss haben.
Zwiebel hacken. Öl in einer großen Pfanne erhitzen und die Zwiebel darin glasig dünsten. Die Bohnen dazugeben und salzen. Nudeln ebenfalls darunter mischen.
Die Tomaten kreuzweise einschneiden und kurz in kochendes Wasser tauchen. Schälen, die Kerne und den Stielansatz entfernen. In feine Würfel schneiden.
Das Basilikumkraut fein hacken. Den Käse in feine Würfel schneiden. Nach Belieben den fein gehackten Knoblauch beigeben. Mit den Tomatenwürfeln mischen. Mit Salz und Pfeffer würzen. Das Olivenöl dazugießen und gut verrühren.
Die Nudel-Bohnen-Mischung in eine leicht eingeölte flache Gratinform geben. Die Tomaten-Käse-Mischung darauf verteilen und in den auf 200 °C vorgeheizten Backofen schieben und etwa 15 – 20 Minuten gratinieren.

Spätzle-Pilz-Gratin

250 g Vollkornmehl
2 EL Weizenvollkorngrieß
1 EL Gomasio
2 Eier
evtl. 1 – 2 EL Wasser
700 g Pilze, z. B. Champignons, Austernpilze
2 EL Öl
½ Zwiebel
1 Bund Petersilie
Salz
weißer Pfeffer, frisch gemahlen
3 – 4 EL Sahne
Öl für die Form
100 g Käse, gerieben, z. B. Emmentaler

Vollkornmehl mit Weizengrieß und Gomasio mischen. Eier aufschlagen und unter das Mehl rühren. Sollte der Teig zu trocken sein, etwas Wasser dazugeben. Den Spätzleteig kräftig rühren und dann mindestens 30 Minuten ruhen lassen.

Inzwischen die Pilze säubern. Größere in Scheiben schneiden, kleinere halbieren. Öl in einer großen Pfanne erhitzen. Zwiebel fein hacken und im Öl sanft dünsten. Petersilie waschen, trockentupfen und ebenfalls fein schneiden. Zu den Zwiebeln geben und kurz zusammen dünsten. Pilze zu den Zwiebeln geben und mitdünsten. Mit Salz und Pfeffer würzen, die Sahne angießen.

In der Zwischenzeit den Spätzleteig mit einem Spätzlehobel ins gesalzene, kochende Wasser hobeln oder den Teig auf ein Brett streichen und mit einem Messer ins kochende Wasser schaben. Wenn die Spätzle an die Wasseroberfläche steigen, mit einer Schaumkelle abschöpfen.

Gratinform einölen. Eine Lage Spätzle hineingeben und diese mit einer Lage Pilze bedecken. So weiterverfahren, bis Spätzle und Pilze aufgebraucht sind, zuoberst eine Lage Spätzle. Mit Käse bestreuen und im Backofen bei 200 °C 15 – 20 Minuten gratinieren.

Gratin aus Reis, Porree und Birnen

250 – 300 g Naturreis
500 – 600 ml Wasser
2 – 3 Kardamomkapseln
1 cm Zimtstange
Gemüsebrühe oder Salz
2 – 3 Möhren
1 Stange Porree
1 EL Öl
1 Stück frischer Ingwer
2 Birnen
Käse nach Belieben
Öl für die Form
100 g Käse, z. B. Gruyère
schwarzer Pfeffer, frisch gemahlen

Reis waschen und im Wasser aufsetzen. Kardamomkapseln und Zimt beigeben und den Reis etwa 35 Minuten garen. Inzwischen Möhren putzen und in feine Scheiben oder kleine Würfelchen schneiden. Zum Reis geben und zusammen bei niedriger Temperatur kochen. Kurz vor Ende der Garzeit den Reis mit Gemüsebrühe oder Salz abschmecken. Porree waschen, putzen und in Ringe schneiden. In etwas Öl dünsten. Den nicht zu weichen Reis vom Herd ziehen und mit dem Porree mischen (darauf achten, dass auch die Möhren al dente sind). Ingwer schälen und ganz fein schneiden, zur Reismischung geben und vermengen.
Birnen schälen. Das Kerngehäuse entfernen und die Birnen in 1 cm große Würfel schneiden. Ebenfalls zur Mischung geben. Wenn Sie es deftiger mögen, noch fein gewürfelten Käse hinzufügen.
Eine Gratinform mit Öl ausstreichen. Mit der Mischung füllen und in den vorgeheizten Backofen stellen. Bei 200 °C etwa 20 Minuten garen. Dann den Käse in feine Scheiben schneiden oder reiben und das Gratin damit belegen. Nochmals in den Ofen schieben, bis der Käse geschmolzen ist. Nach Wunsch mit Pfeffer bestreuen.

Spargel auf Grünkernbett

200 g Grünkern
400 ml Wasser
½ Zwiebel
1 EL Öl
1 kleine bis mittlere Stange Porree
Kräutersalz
schwarzer Pfeffer, frisch gemahlen
Öl für die Form
500 g grüner Spargel
300 g Camembert oder Brie
etwas Rosenpaprika

Grünkern etwa 2 Stunden einweichen. Dann im Einweichwasser (400 ml) 30 Minuten gar kochen und etwa 15 Minuten ausquellen lassen.
Zwiebel fein hacken. Öl in einer großen Pfanne erhitzen, Zwiebel darin andünsten. Porree putzen, waschen und in feine Ringe schneiden. Zur Zwiebel geben und zusammen dünsten, bis das Gemüse al dente ist.
Grünkern darunter mischen und mit Salz und Pfeffer abschmecken. Eine Gratinform mit Öl ausstreichen und die Mischung hineingeben. Spargel putzen (das untere Drittel mit dem Sparschäler schälen und die eventuell holzigen Enden abschneiden, Schalen für eine Spargelsuppe weiterverwenden). Spargel in einem weiten Topf auf einem Dampfkörbchen al dente kochen, leicht salzen.
Spargel auf den Grünkern legen. Den Camembert oder Brie in feine Scheiben schneiden und darauf verteilen. Mit etwas Rosenpaprika ganz fein bestäuben. Form bei 200 °C in den Backofen schieben und das Gericht gratinieren.

Grießklöße mit Gemüse

3 EL Öl, z. B. Walnussöl oder Olivenöl
2 Eier
Salz
schwarzer Pfeffer, frisch gemahlen
1 – 2 Prisen Muskat, frisch gerieben
300 – 350 g Tofu
200 g Dinkel- oder Weizenvollkorngrieß
½ – ¾ l kräftige Gemüsebrühe
300 – 400 g grüne Bohnen
1 großer Zucchino
½ Zwiebel
2 – 3 Knoblauchzehen
1 EL Olivenöl
700 – 800 g frische Tomaten oder geschälte Tomaten (Konserve)
1 TL Kräuter der Provence
Öl für die Form
Sbrienz oder Parmesan, gerieben

Öl und Eier mit Salz, Pfeffer und Muskatnuss gründlich verrühren. Den Tofu mit der Rohkostreibe raspeln und dazugeben. Den Grieß darunter mischen und alles gründlich verkneten. Von Hand kleine Klößchen formen und diese in die kochende Gemüsebrühe geben. Bei niedriger Temperatur die Klößchen 25 – 30 Minuten ziehen lassen. Inzwischen die Bohnen putzen, in 2 – 3 cm lange Stücke schneiden und im Dampfkörbchen knapp weich kochen.
Den Zucchino waschen und in etwa ½ cm dicke Scheiben schneiden. Zwiebel und Knoblauch fein schneiden und in etwas Öl sanft dünsten. Tomaten schälen und in Würfel schneiden (Tomaten aus der Konserve fein würfeln), zu Zwiebel und Knoblauch geben und mitdünsten. Mit Salz und Kräutern der Provence würzen.

Klößchen in eine mit etwas Öl ausgestrichene Gratinform geben. Bohnen darauf verteilen und die Zucchinischeiben dachziegelartig darauf legen. Eventuell leicht salzen. Mit den Tomaten dicht belegen, Zwiebel-Knoblauch-Mischung darauf verteilen. Mit Salz und Kräutern der Provence würzen.

Im Backofen bei 200 °C etwa 30 Minuten garen. Dann das Gratin mit geriebenem Käse nach Belieben bestreuen und nochmals 10 Minuten überbacken.

Gratinierte Dinkelgrießschnitten

400 – 500 ml Wasser
400 – 500 ml Milch oder Sojadrink
1 TL Meersalz
200 – 250 g Dinkelgrieß
150 – 200 g Zucchini, gewürfelt
150 – 200 g rote Paprikaschote, gewürfelt
1 Stange Porree
1 TL grüne Pfefferkörner aus dem Glas
etwas Kräutersalz
1 – 2 EL Öl
150 g Apfel, gewürfelt
100 – 150 g Gruyère, gewürfelt
Öl für die Form

Wasser mit der Milch und dem Salz aufkochen und den Dinkelgrieß einrieseln lassen. Etwa 20 Minuten bei niedriger Temperatur köcheln lassen, bis der Brei die gewünschte Konsistenz hat. Hin und wieder umrühren. Wenn der Brei gekocht ist, auf ein kalt abgespültes Schneidebrett geben und mit einem feuchten Gummispatel formen. Sobald er etwas ausgekühlt ist, in etwa 1 cm dicke Scheiben schneiden.
Zucchini- und Paprikawürfel (etwa 1 cm groß) in eine Schüssel geben. Porree in feine, halbe Ringe schneiden, die Pfefferkörner fein hacken, beigeben. Mit Kräutersalz würzen.
Öl in einer Pfanne erhitzen und das Gemüse einige Minuten dünsten. Apfelwürfel dazugeben und kurz mitdünsten. Die Mischung vom Herd nehmen und leicht auskühlen lassen. Dann die Käsewürfel dazugeben.
Eine Gratinform mit Öl ausstreichen. Die Grießschnitten hineinlegen und im Backofen bei 220 °C etwa 15 Minuten Farbe annehmen lassen. Grießschnitten mit der Gemüsemischung belegen. Die Ofenhitze auf 180 °C reduzieren und die Schnitten noch weitere 15 Minuten gratinieren.

Gratinierte Buchweizenküchlein

250 g Buchweizen
375 ml Wasser
Salz
1 kleinere Sellerieknolle
1 Möhre
1 geh. EL Zwiebelgrün, fein geschnitten
2 EL Walnusskerne, gehackt
1 Ei
Kräutersalz
½ TL Zimt, gemahlen
2 EL Maismehl
ungehärtetes Pflanzenfett
Öl für die Form
200 ml Crème fraîche
3 geh. EL Sbrienz oder Parmesan, gerieben
Pfeffermischung, frisch gemahlen

Buchweizen waschen, mit dem Salzwasser aufsetzen und zum Kochen bringen. Bei niedriger Temperatur etwa 15 Minuten garen. Sellerie waschen, schälen und auf einer Rohkostreibe raspeln. Möhre ebenfalls putzen und reiben.
Zwiebelgrün und Walnusskerne zum Gemüse geben. Das Gemüse mit dem Buchweizen mischen. Das Ei verquirlen und unterziehen. Mit Salz und Zimt würzen. Das Maismehl zum Binden dazugeben. Die Masse etwas ruhen lassen.
Flache Küchlein formen und im heißen Fett goldbraun braten. Buchweizenbratlinge in eine gefettete Gratinform legen.
Crème fraîche mit dem geriebenen Käse mischen, mit Pfeffer und nach Wunsch mit etwas Salz würzen. Auf jedes Buchweizenküchlein ein Sahnehäubchen setzen. Die Gratinform in den Backofen schieben und bei 200 °C 10 – 15 Minuten überbacken.

Gefüllt und überbacken

Gefüllte Tomaten

1 kg Fleischtomaten
Kräutersalz
200 g Speisequark
100 g Gruyère oder versch. Käsesorten, gerieben
2 Eigelb
1 Schuss trockener Weißwein
Salz
weißer Pfeffer, frisch gemahlen
1 Bund Schnittlauch
2 Eiweiß
1 Prise Salz
Olivenöl für die Form

Die Tomaten waschen, Deckel abschneiden und aushöhlen (Tomatenfruchtfleisch aufbewahren und in einer Suppe oder Sauce weiterverarbeiten). Tomaten innen mit etwas Kräutersalz würzen.
Quark mit geriebenem Käse, Eigelb, Weißwein, Salz, Pfeffer und dem fein geschnittenen Schnittlauch würzen. Eiweiß mit dem Salz zu steifem Schnee schlagen und sorgfältig unter die gewürzte Quarkmasse ziehen.
Tomaten mit der Höhlung nach unten in eine Platte stellen, damit die angesammelte Flüssigkeit auslaufen kann. Dann jede Tomate mit der Quarkmasse füllen.
Eine Auflaufform mit dem Olivenöl ausstreichen. Die gefüllten Tomaten hineinsetzen. Sollte Füllung übrig sein, kann diese zwischen die Tomaten gegeben werden.
Die gefüllten Tomaten bei 180 °C im Backofen 35 – 40 Minuten backen.

Cannelloni mit Ricottafüllung

20 rohe Cannelloni-Nudeln
Salz
1 Schuss Olivenöl
2 EL Pinienkerne
250 g Ricotta
4 – 5 grüne Oliven
1 Bund Schnittlauch
1 Zweig Rosmarin
einige Blättchen Majoran, Basilikum und Thymian oder 1 TL italienische Kräutermischung
2 Knoblauchzehen
50 g Parmesan, gerieben
schwarzer Pfeffer, frisch gemahlen
Öl für die Form
einige getrocknete, in Öl eingelegte Tomatenhälften

Für die Sauce:
20 g Butter
150 ml Sahne
3 – 4 Knoblauchzehen
8 – 10 frische Salbeiblätter oder entsprechend getr. Salbei
50 g Parmesan, frisch gerieben
Salz
schwarzer Pfeffer, frisch gemahlen

Cannelloni im Salzwasser, dem Sie einen Schuss Olivenöl beigegeben haben, sorgfältig al dente kochen. Nur einzeln ins Kochwasser gleiten lassen, damit sie nicht verkleben. Aus dem Wasser heben und einzeln auf einem Küchentuch ausbreiten.
Pinienkerne in einer trockenen Bratpfanne anrösten, bis sie hellbraun sind.

Ricotta mit einer Gabel zerdrücken. Pinienkerne dazureiben. Oliven entsteinen und ganz fein gehackt zum Käse geben. Schnittlauch waschen und in sehr feine Röllchen schneiden. Die restlichen Kräuter ebenfalls waschen, trockentupfen und von den Stängeln zupfen. Nach Bedarf noch etwas zerkleinern. Knoblauch schälen, durchpressen und mit den Kräutern zum Ricotta geben. Parmesan darunter mischen, mit Salz und Pfeffer abschmecken.

Cannelloni mit dieser Mischung füllen und in eine mit Olivenöl ausgestrichene Gratinform legen. Die Tomatenhälften sehr fein schneiden und auf den Cannelloni verteilen.

Für die Sauce die Butter in einem Topf schmelzen. Sahne dazugießen und aufkochen lassen. Gepresste Knoblauchzehen, fein geschnittene Salbeiblättchen und Parmesan dazugeben. Nach Belieben mit Salz und Pfeffer würzen.

Sauce über und an die Cannelloni gießen. Das Gericht bei 200 °C etwa 10 Minuten im Backofen gratinieren.

Cannelloni mit Spinatfüllung

20 rohe Cannelloni-Nudeln
Salz
1 Schuss Olivenöl

Für die Füllung:
½ Zwiebel
1 – 2 Knoblauchzehen
1 – 2 EL Olivenöl
400 g Blattspinat, gehackt (frisch oder tiefgekühlt)
Salz
schwarzer Pfeffer, frisch gemahlen
2 Prisen Muskatnuss, gerieben
150 g Doppelrahm-Frischkäse

Zum Gratinieren:
Olivenöl für die Form
700 – 800 g Tomaten
Salz
70 – 80 g Parmesan, gerieben
1 Bund Basilikum
3 – 4 Knoblauchzehen
2 – 3 EL Olivenöl

Cannelloni einzeln in kochendes Salzwasser, dem Sie einen Schuss Olivenöl beigegeben haben, gleiten lassen und al dente kochen. Mit einem Schaumlöffel herausnehmen und einzeln auf einem Küchentuch auslegen.
Zwiebel und Knoblauch sehr fein schneiden und in Olivenöl langsam andünsten. Spinat beigeben und mitdämpfen. Mit Salz, Pfeffer und Muskat würzen. Den Frischkäse unterziehen.

Eine Auflaufform mit Olivenöl ausstreichen. Cannelloni mit der Spinatmischung füllen und in die Auflaufform legen. Tomaten schälen, in Scheiben schneiden und die Cannelloni damit belegen, nach Belieben etwas salzen.
Nudeln bei 200 °C 20 – 25 Minuten im Backofen garen.
Parmesan mit fein geschnittenen Basilikumblättchen und fein gehacktem Knoblauch mischen. Olivenöl dazugeben und gut mischen. Auflauf aus dem Ofen nehmen, Käse-Kräuter-Paste darauf verteilen. Nochmals in den Ofen schieben und etwa 10 Minuten gratinieren.

Gefüllte Kartoffeln

4 große Kartoffeln
200 g Doppelrahm-Frischkäse
2 – 3 EL Sahne oder Crème fraîche
2 EL Pinienkerne
100 – 150 g Porree
100 – 150 g Sellerie
1 säuerlicher Apfel
100 g Käse, z. B. Gruyère oder Tilsiter
½ TL frische Majoranblättchen oder entsprechend getrocknete
gemischter Pfeffer, frisch gemahlen
etwas Salz
100 ml kräftige Gemüsebrühe
50 ml Sahne
frischer Majoran
2 Knoblauchzehen

Die Kartoffeln mit einer Bürste waschen.
Frischkäse mit der Sahne oder der Crème fraîche glatt rühren. Die Pinienkerne im Mixer oder mit der kleinen Handmühle mahlen und zur Käsemasse geben.
Porree putzen und in sehr feine, halbe Ringe schneiden. Zur Käsemasse geben. Sellerieknolle ebenfalls putzen, schälen und auf der Rohkostreibe zur Käsemasse reiben. Apfel schälen und ebenfalls gerieben zur Füllung geben. Käse in feine Würfelchen schneiden und untermischen. Mit den fein geschnittenen Majoranblättchen und Pfeffer würzen, nach Bedarf mit etwas Salz abschmecken.
Kartoffeln der Länge nach halbieren. Mit einem Apfelausstecher leicht aushöhlen und die Füllung auf den Kartoffeln verteilen. Kartoffeln in eine Gratinform (mit Deckel) setzen.

Gemüsebrühe mit der Sahne mischen. Mit Majoran und dem fein geschnittenen Knoblauch würzen. An die Kartoffelhälften gießen. Den Deckel aufsetzen und die Kartoffeln bei 200 °C im Backofen etwa 30 Minuten mit Deckel garen. Dann den Deckel entfernen und noch 15 – 25 Minuten offen garen. Die Garzeit hängt sehr von der Kartoffelsorte sowie dem Alter der Kartoffeln ab. Vor dem Servieren unbedingt Garprobe machen.

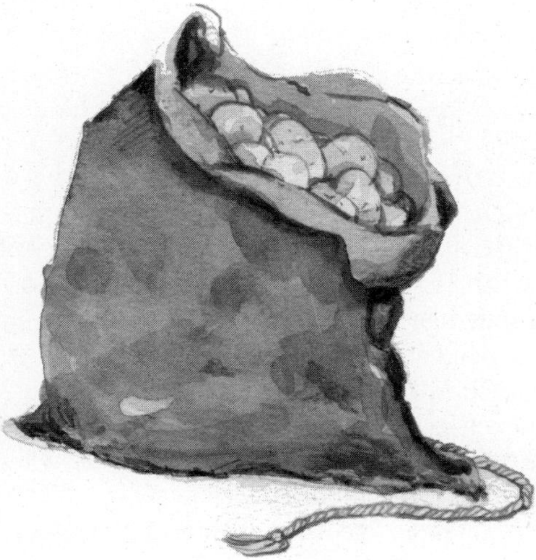

Gefüllte Auberginen

4 kleine oder 2 große Auberginen
Salz
100 ml Gemüsebrühe
1 Glas trockener Weißwein

Für die Füllung:
2 Tomaten
1 Paprikaschote
½ Zwiebel
1 Bund Petersilie
1 – 2 Knoblauchzehen
1 kleiner Rosmarinzweig
3 EL gekochter Reis, evtl. ein Rest
8 – 10 schwarze, entsteinte Oliven
3 TL Kapern
1 EL Gomasio
1 TL Fenchelsamen
Salz
schwarzer Pfeffer, frisch gemahlen
2 EL Olivenöl
Olivenöl für die Form
Parmesan, gerieben

Auberginen waschen, der Länge nach halbieren und mit einem Apfelausstecher leicht aushöhlen. Fruchtfleisch aufbewahren. Auberginen salzen und ziehen lassen. Dann die ausgetretene Flüssigkeit mit Küchenkrepp entfernen.
Fruchtfleisch der Auberginen in kleine Stücke schneiden. In eine Schüssel geben. Tomaten schälen, entkernen und in feine Würfelchen, die geputzten Paprika in kleine Stücke schneiden. Zwiebel und Petersilie sowie Knoblauch und Rosmarinnadeln hacken. Mit dem Reis zum Fruchtfleisch geben. Die entsteinten Oliven fein schneiden und mit Kapern, Gomasio und Fenchelsamen unter das Auberginen-

fruchtfleisch mischen. Mit Salz und Pfeffer würzen, das Olivenöl dazugießen und alles gut mischen.
Die Auberginenhälften mit der Mischung füllen und in eine leicht eingeölte Gratinform setzen. Gemüsebrühe und Wein angießen und das Gemüse bei 180 °C 35 – 40 Minuten im Backofen backen (Garprobe bei den Auberginen machen).
Nach Wunsch mit Parmesan bestreuen und nochmals in den Ofen schieben, bis der Käse Farbe angenommen hat.

Paprika mit Reisfüllung

1 Tasse Naturreis
2 Tassen Wasser
1 Zwiebel
1 – 2 EL Olivenöl
1 Bund Petersilie
2 Knoblauchzehen
1 Bund Schnittlauch
einige Blättchen Majoran, frisch oder getrocknet
etwas Thymian, frisch oder getrocknet
1 – 2 geh. EL Reismehl
2 EL Walnüsse, grob gehackt
Salz
schwarzer Pfeffer, frisch gemahlen
nach Wunsch 1 – 2 Eigelb
4 Paprikaschoten
Kräutersalz
Olivenöl für die Form und zum Bepinseln
1 Tasse kräftige Gemüsebrühe

Den Reis im Wasser etwa 30 Minuten garen und ausquellen lassen. Inzwischen Zwiebel sehr fein schneiden und in einer Pfanne in Öl andünsten. Petersilie und Knoblauch fein hacken und beigeben. Ganz kurz mitdünsten lassen. Zwiebel vom Herd nehmen und mit gegartem Reis mischen.
Schnittlauch und Majoranblättchen fein schneiden. Thymianblättchen vom Stängel zupfen. Reismasse mit den Kräutern mischen, Reismehl und Walnusskerne hinzufügen, mit Salz und Pfeffer würzen. Nach Wunsch das Eigelb untermischen.
Paprika waschen, der Länge nach halbieren und putzen. Innen leicht mit Kräutersalz bestreuen und mit der Reismasse füllen.

Eine Auflaufform mit etwas Olivenöl ausstreichen. Die gefüllten Paprikahälften hineinlegen und die Füllung mit Olivenöl bepinseln. Die Gemüsebrühe angießen.
Gefüllte Paprika bei 200 °C im Backofen etwa 40 Minuten garen. Bei Bedarf etwas Brühe nachgießen. Vor dem Servieren Garprobe machen.

Gefüllter Kürbis

1,5 – 2 kg Kürbis, z. B. Muskat oder Hokkaido
etwas Kräutersalz
1 – 2 EL Sesamöl
150 – 200 g Kichererbsen, über Nacht eingeweicht
1 Zwiebel
2 EL Olivenöl
2 Knoblauchzehen
1 – 1½ große rote Paprikaschoten
1 TL Madras Curry-Paste
Salz
etwas Wasser

Einen Deckel vom Kürbis abschneiden, groß genug, um Kerne und Fasern herausnehmen zu können. Darauf achten, dass eine relativ große Höhlung vorhanden ist, wenn nicht, etwas vom Kürbisfleisch entfernen.
Geputzten Kürbis innen mit Kräutersalz bestreuen. Ruhen lassen. Vor dem Füllen mit Sesamöl einpinseln. Kichererbsen im Einweichwasser etwa 20 Minuten vorkochen.
Zwiebel fein schneiden und in etwas Olivenöl andünsten. Knoblauch ebenfalls sehr fein hacken und zu den Zwiebeln geben. Kichererbsen hinzufügen.
Paprika putzen, in kleine Stücke schneiden und zu den Kichererbsen geben. Etwas weiterdünsten und mit der Currypaste würzen. Einige Minuten köcheln lassen. Mit Salz abschmecken.
Kürbis mit der Kichererbsen-Mischung füllen und mit dem abgeschnittenen Deckel bedecken. Den Kürbis nun in eine passende Auflaufform setzen. Etwas Wasser hinzufügen und in den vorgeheizten Backofen schieben. Bei 200 °C etwa 90 Minuten garen. Vor dem Servieren Garprobe machen.

Porree mit Käsecreme

1 kg Porree
200 g Doppelrahm-Frischkäse
100 ml Sahne
1 EL Meerrettichsenf
2 EL Mandeln, gemahlen
Salz
Öl für die Form
150 ml Sahne
150 ml trockener Weißwein oder Gemüsebrühe
1 Gemüsebrühwürfel
1 Prise Muskatnuss, frisch gerieben
weißer Pfeffer, frisch gemahlen
1 säuerlicher Apfel

Porree putzen, waschen und in etwa 10 cm lange Stücke schneiden. Grüne Blätter für eine Brühe oder Suppe aufbewahren. Porreestücke der Länge nach aufschlitzen.
Frischkäse mit einer Gabel zerdrücken. Sahne, Senf, Mandeln und nach Belieben etwas Salz beigeben und alles gut mischen.
Eine Gratinform (mit Deckel) mit etwas Öl ausstreichen. Die aufgefächerten Porreestücke mit der Käsecreme füllen und in die Gratinform setzen.
Sahne mit Weißwein und dem Gemüsebrühwürfel aufkochen (nach Wunsch lediglich Sahne und Gemüsebrühe verwenden). Sauce mit Muskatnuss und Pfeffer würzen und an die Porreestücke gießen.
Gefüllten Porree bei 200 °C im Backofen etwa 20 Minuten zugedeckt garen. Dann den Deckel entfernen.
Apfel schälen, entkernen und in feine Würfelchen schneiden. Dem Gratin beigeben und etwas unter die Sauce ziehen. Noch 15 – 20 Minuten ohne Deckel fertig garen. Vor dem Servieren Garprobe machen.

Reisbällchen in Weinblättern

pro Person 5 – 7 ungespritzte Weinblätter, je nach Größe
60 – 70 g Naturreis, Rundkorn
2 Kardamomkapseln
etwa ¼ l Wasser
1 EL Öl
2 – 3 Möhren
Saft von einer halben Orange
2 EL Rosinen
2 EL Walnusskerne, grob gehackt
2 Prisen Kardamom, gemahlen
1 – 2 Prisen Cayennepfeffer
Salz
100 ml kräftige Gemüsebrühe
125 g Naturjoghurt, griechische Art
1 EL Gomasio
Öl für die Form und für die Weinblätter
60 – 70 g Gruyère, gerieben

Weinblätter waschen, Stiele abschneiden und Blätter im Dampfkörbchen blanchieren.
Reis mit den Kardamomkapseln in das kochende Wasser geben und etwa 30 Minuten bei niedriger Temperatur garen. Sollte noch Flüssigkeit vorhanden sein, diese abgießen. Kardamomkapseln entfernen und das Öl unter den Reis mischen.
Möhren putzen, in feine Würfel schneiden und im Orangensaft weich dünsten. Zusammen mit den Rosinen und den Walnüssen zum Reis geben. Mit Kardamom, Cayennepfeffer und Salz würzen.
Gemüsebrühe mit dem Joghurt vermischen, Gomasio dazugeben.
Eine weite Auflaufform mit etwas Öl bestreichen. Auf jedes Weinblatt etwas von der gewürzten Reismasse geben. Die Seiten und Enden einschlagen und die »Päckchen« in die Auflaufform legen. Jedes Päckchen mit etwas Öl einpinseln. Die Sauce angießen.

Die Form in den auf 200 °C vorgewärmten Backofen schieben und etwa 30 Minuten garen. Nach dieser Zeit auf jedes Päckchen etwas geriebenen Käse geben. Nochmals in den Ofen schieben, bis der Käse geschmolzen ist.

Weißkohlroulade

800 g – 1 kg Weißkohl
400 g Tofu
2 – 3 EL flüssige Butter
250 g frische Champignons
1 Bund Schnittlauch
½ unbehandelte Zitrone
Thymian, frisch oder getrocknet
Salz
weißer Pfeffer, frisch gemahlen
150 ml Sahne
50 ml trockener Weißwein
½ Bund Schnittlauch
einige Stängel Petersilie
nach Belieben etwas gekörnte Gemüsebrühe
1 Zwiebel
2 – 3 Knoblauchzehen
1 EL Öl
1 große Orange

Die Blätter des Weißkohls sorgfältig ablösen. Darauf achten, dass sie möglichst unbeschädigt bleiben. Rippen flach schneiden und die Blätter im Dampfkörbchen blanchieren, bis sie biegsam sind. Weißkohl abkühlen lassen.
Tofu auf der Rohkostreibe fein reiben und mit der flüssigen Butter mischen. Champignons reinigen und in feine Stücke schneiden. Pilze mit dem fein geschnittenen Schnittlauch zum Tofu geben und vermischen. Zitrone heiß abwaschen. Eine Hälfte auspressen und den Saft sowie die abgeriebene Zitronenschale ebenfalls mit dem Tofu mischen. Tofumasse mit Thymianblättchen, Salz und Pfeffer würzen. Kohlblätter auf einem Küchentuch ausbreiten, sodass man sie zusammen zu einer Roulade rollen kann. Mit der Tofumasse bestreichen. Die Seiten und die Enden leicht einschlagen. Dann zu einer oder

zwei (je nach Größe) Rouladen formen. Kohlroulade in eine flache Gratinform geben.
Sahne mit Weißwein, fein geschnittenem Schnittlauch und der Hälfte der gehackten Petersilie, Salz und nach Wunsch etwas gekörnter Gemüsebrühe mischen. Sauce über die Roulade gießen. Die Form abdecken und bei 200 °C im Backofen 30 – 35 Minuten garen.
In der Zwischenzeit Zwiebel und Petersilie fein schneiden. Knoblauchzehen sehr fein schneiden. Das Öl erhitzen, Zwiebel, Knoblauch und restliche gehackte Petersilie darin sanft dünsten. Orange schälen, von den weißen Häutchen befreien und in kleine Stücke schneiden. Orangenstückchen zu den Zwiebeln geben. Nach Belieben mit etwas Salz und weißem Pfeffer würzen.
Dann Deckel oder Backpapier entfernen und die Roulade mit der Orangen-Zwiebel-Mischung belegen. Roulade nochmals in den Backofen schieben und etwa 20 Minuten offen garen, bis die Zwiebeln Farbe angenommen haben.

Spezialitäten aus dem Ofen

Mutters Sauerkrautspätzle

250 g Dinkelvollkornmehl
2 geh. EL Sojamehl
2 geh. EL Dinkelgrieß
1 geh. EL Gomasio
2 große Eier
150 ml Wasser
Salz für das Kochwasser
2 EL ungehärtetes Pflanzenfett
400 g biol. Sauerkraut (evtl. Rest von gekochtem Sauerkraut)
Kräutersalz
Butter oder Öl für die Form
1 große Zwiebel
2 EL Öl
150 g Räuchertofu

Aus den ersten sechs Zutaten einen festen Spätzleteig anrühren und mindestens 30 Minuten ruhen lassen. In einem großen Topf Wasser mit etwas Salz zum Kochen bringen und die Spätzle mit dem Spätzlehobel oder von Hand portionenweise ins kochende Wasser schaben. Sobald die Spätzle an der Oberfläche schwimmen, mit einem Schaumlöffel herausnehmen und für einen Augenblick in kaltes Wasser tauchen. Spätzle gut abtropfen lassen.

Das Fett in einer weiten Bratpfanne schmelzen. Lagenweise Spätzle und Sauerkraut hineingeben. Nach Bedarf mit Kräutersalz würzen und vorsichtig mischen. Eine mit Butter oder Öl ausgestrichene Gratinform mit der Spätzle-Kraut-Mischung füllen.

Eine große Zwiebel in Halbmonde schneiden. Öl in der Pfanne erhitzen und Zwiebel darin glasig dünsten. Den Räuchertofu in feine Würfel schneiden und zu den Zwiebeln geben, etwas mitdünsten. Gut mischen und auf den Spätzle verteilen.

Die Sauerkraut-Spätzle bei 180 °C in den Backofen schieben und 20 – 30 Minuten überbacken, bis das Gratin eine goldfarbene Kruste angenommen hat.

Spinatgnocchi

400 g Mager- oder Sahnequark
3 geh. EL Sojamehl
200 g Spinat, frisch oder tiefgekühlt
Kräutersalz
schwarzer Pfeffer, frisch gemahlen
1 – 2 Prisen Muskatnuss, gerieben
etwas frischer Majoran oder Ysop
1 kleine Zwiebel
3 geh. EL Vollkornmehl
6 – 7 geh. EL Dinkel- oder Weizenvollkorngrieß
Salz
2 EL weiche Butter
1 Knoblauchzehe
einige Salbeiblättchen
50 g Parmesan oder Sbrienz, gerieben

Quark mit dem Sojamehl verrühren. Spinat waschen, die groben Stiele entfernen und Spinat im Dampfkörbchen leicht blanchieren und anschließend fein hacken (tiefgekühlten Spinat auftauen und ebenfalls fein hacken). Spinat unter die Quarkmasse mischen. Mit Salz, Pfeffer und Muskatnuss würzen. Die Majoran- oder Ysopblättchen waschen, trockentupfen, mit der Schere fein schneiden und dazugeben.
Zwiebel sehr fein hacken und ebenfalls zum Teig geben. 2 EL Vollkornmehl darüber stäuben und mischen. So viel Dinkel- oder Weizenvollkorngrieß beigeben, bis eine feste Masse entsteht. Den Teig etwas ruhen lassen. Dann mit zwei Teelöffeln Gnocchi formen und diese direkt in kochendes, gesalzenes Wasser gleiten lassen. Sobald sie an der Oberfläche schwimmen, sorgfältig herausnehmen und in eine leicht mit Butter bestrichene Gratinform legen.
Die restliche Butter erwärmen, Knoblauchzehe dazugeben und Farbe annehmen lassen, dann herausnehmen. Die Salbeiblättchen waschen, trockentupfen, sehr fein schneiden und zur Butter geben.

Die Gnocchi mit geriebenem Parmesan oder Sbrienz bestreuen und mit der Butter übergießen. Bei 200 °C in den Backofen schieben und die Gnocchi einige Minuten überbacken.
Sie können die Gnocchi auch mit einer Tomatensauce (s. *Cannelloni mit Spinatfüllung* S. 96) überziehen, mit geriebenem Parmesan bestreuen und einige Minuten gratinieren.

Gemüsecrostini

4 – 6 Vollkornbrötchen oder 1 Vollkornbaguette
1 Gläschen trockener Weißwein
2 – 3 EL Olivenöl
½ TL italienische Kräutermischung
Butter zum Bestreichen der Brötchen
1½ – 2 rote Paprikaschoten
500 – 600 g Kürbis oder Zucchini
2 – 3 Fleischtomaten
150 – 200 g verschiedene Käsesorten, gerieben
Knoblauch nach Wunsch
1 TL italienische Kräutermischung
Salz
schwarzer Pfeffer, frisch gemahlen
2 – 3 EL Olivenöl

Brötchen oder das Baguette der Länge nach halbieren. Weißwein mit Olivenöl und Kräutermischung sämig rühren. Sauce in eine weite, flache Gratinform gießen. Die halbierten Brötchen mit der Schnittfläche nach oben in die Form legen und mit Butter bestreichen. Mit etwas Abstand unter den Grill stellen und die Brötchen hellbraun toasten. Paprika waschen, putzen und in kleine Stücke schneiden. Kürbis schälen von Kernen und Fasern befreien und in feine Scheibchen schneiden. Tomaten schälen, quer halbieren, Samen entfernen und die Tomaten in feine Stücke schneiden.
Gemüse mit dem Käse und nach Wunsch etwas fein gehacktem Knoblauch mischen, mit der Kräutermischung, Salz und Pfeffer würzen. Das Olivenöl darunter ziehen.
Gemüsemischung auf den getoasteten Brötchen verteilen. Im Backofen bei 180 °C etwa 20 Minuten überbacken. Vor dem Servieren Garprobe beim Gemüse machen.

Schnelle Käseschnitten

8 Scheiben Vollkornbrot, 1 – 1½ cm dick geschnitten
einige Rosmarinnadeln
2 EL Öl
50 ml trockener Weißwein
300 – 350 g Camembert oder Brie
schwarzer Pfeffer, frisch gemahlen
8 Scheiben Ananas
100 g würziger Käse, z. B. Tilsiter oder Gruyère
8 Cherry-Tomaten

Vollkornbrotscheiben nach Belieben mit fein geschnittenen Rosmarinnadeln sehr sparsam bestreuen.
Ein mit Backpapier ausgelegtes Backblech mit dem Öl ausstreichen. Den Weißwein dazugießen und etwas verrühren. Die Brotscheiben hineinsetzen.
Camembert oder Brie in passende dünne Scheiben schneiden. Die Brote damit belegen. Mit etwas Pfeffer würzen. Ananasscheiben auf die Brote legen. Käse in acht gleich große Würfel schneiden und in die Mitte der Ananasscheibe legen.
Backblech in den auf 200 °C vorgeheizten Backofen schieben und die Brote etwa 20 Minuten backen. Dann auf die geschmolzenen Käsewürfel je eine Cherrytomate legen. Im Backofen belassen, bis die Tomate warm geworden ist.

Chapatis mit Kürbispüree

500 g Vollkornmehl
300 ml Wasser
3 – 4 TL Sesamöl
1 TL Salz
1 kg geputztes Kürbisfleisch
etwas Butter oder Ghee (s. S. 18)
1 Zwiebel
2 EL Öl
1½ TL Kreuzkümmel (Cumin)
1½ TL Koriandersamen
2 Eier
Salz
Cayennepfeffer
2 – 3 EL Joghurt
1 – 2 EL Maisstärke

Mehl mit Wasser und Öl sowie Salz mischen und gut verkneten. Den Teig etwa 1 Stunde ruhen lassen.
Kürbis schälen und von Kernen und Fasern befreien. Es sollte 1 kg Kürbisfleisch vorhanden sein. Kürbis in kleine Stücke schneiden, im Dampfkörbchen gut weich kochen und pürieren. Sollte das Püree sehr feucht sein, in einem mit einem feinen Tuch ausgelegten Sieb abtropfen lassen.
Teig noch einmal durchkneten und kleine (tischtennisballgroße) Kugeln formen. Kugeln etwa ½ cm dick ausrollen und in eine trockene Pfanne geben und rösten. Wenn sich die Chapatis aufblähen, wenden. Fertig rösten und mit etwas Butter bestreichen. Warm halten.
Zwiebel sehr fein schneiden. Öl in einer großen Pfanne erhitzen und die Zwiebel langsam glasig dünsten. Kreuzkümmel und Koriander beifügen und anschwitzen, bis die Samen »springen«. Dann das Kürbispüree beigeben und gut mischen.

Eier trennen. Eigelb unter das nicht zu heiße Püree ziehen. Mit Salz und etwas Cayennepfeffer nach Wunsch würzen. Den Joghurt dazugeben. Die Maistärke darüber stäuben und alles gut mischen. Zuletzt das Eiweiß zu Schnee schlagen und vorsichtig unter die Kürbismasse ziehen.
Ein Backblech mit Backpapier auslegen und das Kürbisgemüse in der zu den Chapatis passenden Größe als kleine Häufchen darauf setzen. Im Backofen bei 200 °C etwa 25 Minuten backen. Kürbisgemüse auf je ein Fladenbrot setzen und mit verschiedenen Salaten servieren.

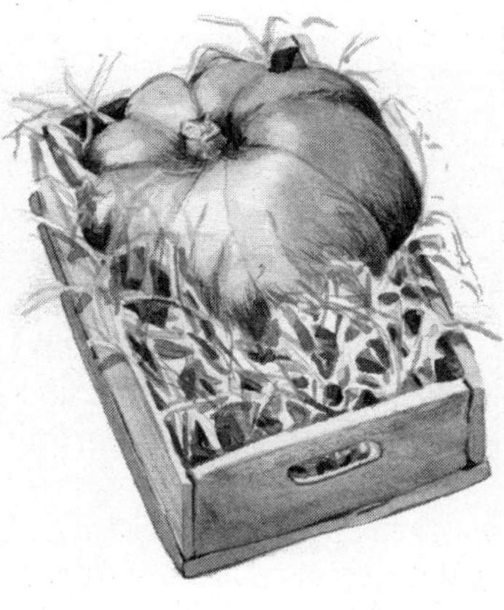

Gemüsepfannkuchen mit Nuss-Käse-Streuseln

Für die Pfannkuchen:
200 g Dinkelvollkornmehl
½ TL Salz
1 TL Weinsteinbackpulver
2 große Eier
150 ml Milch
150 ml Wasser
700 – 800 g Mischgemüse je nach Jahreszeit und Vorliebe, z. B. Möhren, Blumenkohl, Kohlrabi, Brechbohnen
Kräutersalz
Pfeffer, frisch gemahlen
2 – 3 EL Crème fraîche
ungehärtetes Pflanzenfett für die Pfannkuchen
Butter für die Form

Für die Streusel:
30 g Butter
40 g Buchweizenmehl
1 kleiner Bund Schnittlauch
40 g Walnüsse, gemahlen
etwas Salz
schwarzer Pfeffer, frisch gemahlen
40 – 50 g Gruyère, gerieben

Dinkelmehl mit Salz und Backpulver vermischen. Eier, leicht erwärmte Milch und lauwarmes Wasser dazugeben und alles zu einem dünnflüssigen Teig klümpchenfrei vermischen. Mindestens eine Stunde ruhen lassen.
Das Gemüse putzen, waschen und in kleine, gleich große Würfelchen schneiden. In einem Dampfkörbchen al dente kochen, dabei unterschiedliche Garzeiten der einzelnen Sorten beachten. Das Gemüse

darf nicht zu weich werden. Gemüse mit Salz und Pfeffer würzen und nach Belieben Crème fraîche darunter rühren.
Teig noch einmal durchrühren, bei Bedarf noch etwas Wasser dazugeben. Fett in einer Pfanne erhitzen und 4 – 5 Pfannkuchen herausbacken. Jeden Pfannkuchen mit der gewünschten Menge der Gemüsemischung belegen und einrollen. In eine leicht mit Butter bestrichene Gratinform legen.
Für die Streusel die Butter schmelzen, ohne sie zu sehr zu erhitzen. Zerlaufene Butter mit dem Mehl mischen. Fein gehackten Schnittlauch zusammen mit geriebenen Walnüssen, Salz, Pfeffer und geriebenem Gruyère zur Mehl-Butter-Mischung geben. Sehr gut vermengen und Streusel herstellen. Streusel auf den Pfannkuchen verteilen. Den Backofen auf 200 °C vorheizen und die Pfannkuchen etwa 20 Minuten gratinieren.

Käsesoufflé

25 – 30 g Butter
70 g Dinkelvollkornmehl
450 ml Milch
(oder 400 ml und 50 ml trockener Weißwein)
½ TL Salz
schwarzer Pfeffer, frisch gemahlen
2 Prisen Muskatnuss, gerieben
170 g Gruyère, gerieben
4 große oder 5 kleinere Eier
1 gestr. TL Weinsteinbackpulver
Butter für die Form

Die Butter in einer Pfanne schmelzen, ohne sie zu heiß werden zu lassen. Mehl dazugeben und verrühren, bis die beiden Zutaten gebunden sind. Dann die heiße Milch oder Milch und Weißwein gemischt dazugießen und mit dem Schneebesen kräftig schlagen. Etwa 5 Minuten sanft köcheln, ab und zu umrühren. Die Sauce mit Salz, Pfeffer und Muskatnuss würzen. Geriebenen Käse in die heiße Masse geben und gut vermischen.
Den Backofen auf 180 °C vorheizen.
Eier trennen. Eigelb mit der Mehl-Käse-Masse gründlich vermengen. Das Backpulver ebenfalls darunter mischen. Eiweiß zu sehr steifem Schnee schlagen. Ein Drittel sorgfältig unter die Masse mischen. Den Rest mit dem Gummispatel unterziehen.
Nur den Boden einer Souffléform mit Butter ausstreichen und das Soufflé einfüllen. In den unteren Teil des vorgeheizten Backofens stellen und etwa 40 Minuten backen. Die Backofentür während des Backens nicht öffnen.
Am Ende der Backzeit mit einer Nadel eine Garprobe machen. Wenn nichts an ihr haftet, ist das Soufflé gar. Sofort servieren.

Evas fantastischer Nussbraten

250 g Nüsse, z. B Mandeln, Haselnüsse, Walnüsse
250 g Vollkorntoastbrot, ohne Rinde
100 g Zwiebeln
Knoblauch nach Belieben
1 Bund Petersilie
1 – 1½ TL frische Thymianblättchen (oder entsprechend getrocknet)
100 g Gruyère, gerieben
2 Eier
2 EL Walnuss- oder Maiskeimöl
4 TL Hefeextrakt
Salz
schwarzer Pfeffer, frisch gemahlen
Öl für die Form

Nüsse fein reiben und mit dem sehr fein zerkrümelten Toastbrot mischen. Zwiebel sehr fein hacken und mit dem gepressten Knoblauch dazugeben. Petersilie waschen, trockentupfen und fein gehackt untermischen. Thymian waschen, trockentupfen und abgezupfte Blättchen hinzufügen

Geriebenen Gruyère, Eier, Öl, Hefeextrakt sowie Salz und Pfeffer zu der Nuss-Brot-Mischung geben und alles gut vermischen. Teig zu einem Braten formen und in eine gefettete Ofenform geben. Im Backofen bei 200 °C etwa 60 Minuten backen.

Vor dem Servieren einige Minuten auskühlen lassen. Der Braten schneidet sich dann besser.

Tofu mit Selleriepüree

8 Tofuscheiben von ¾ cm Dicke
2 – 3 EL Tamari
1 Prise Cayennepfeffer
2 EL Rapsöl
1 Sellerieknolle
etwas süße Sahne
Salz
weißer Pfeffer, frisch gemahlen
1 große Möhre
150 g frische oder tiefgekühlte Erbsen

Tofuscheiben mit Tamari beträufeln und leicht mit Cayennepfeffer würzen. Mindestens 30 Minuten ziehen lassen.
Eine Gratinform mit etwas Rapsöl ausstreichen. Das restliche Öl in einer Pfanne erhitzen und die Tofuscheiben darin leicht anbraten. Aus der Pfanne nehmen und in die Gratinform legen.
Sellerieknolle putzen, in kleine Stücke schneiden und im Dampfkörbchen weich kochen. Im Mixer mit einem Schuss Sahne pürieren und mit Salz und Pfeffer würzen.
Die Möhre putzen, in feine Würfelchen schneiden und im Dampfkörbchen knapp weich kochen. Die frischen Erbsen ebenfalls knapp weich kochen; tiefgekühlte Erbsen antauen lassen. Möhren und Erbsen mischen und eventuell etwas salzen.
Auf jede Tofuscheibe eine Portion Möhren und Erbsen setzen und diese mit einer Portion Selleriepüree bedecken. Die Gratinform in den Backofen schieben und die Tofuscheiben bei 180 °C etwa 15 Minuten garen.

Rotkohl mit gefüllten Äpfeln

1¼ kg Rotkohl
1 Zwiebel
1 – 2 EL ungehärtetes Pflanzenfett
Saft von 1 – 2 Orangen
1 TL Pfefferkörner
1 TL Bockshornkleesamen
4 – 5 Gewürznelken
Salz
2 – 3 EL Apfelessig
etwas kräftige Gemüsebrühe
4 Äpfel
Preiselbeermarmelade
Butter zum Bestreichen der Äpfel
Öl für die Form

Den geputzten Rotkohl teilen und in nicht zu feine Streifen schneiden. Zwiebel fein schneiden und im heißen Fett sanft dünsten. Den geschnittenen Rotkohl beigeben und langsam andämpfen, bis es zusammenfällt. Mit dem Orangensaft ablöschen.
Pfefferkörner, Bockshornkleesamen und Gewürznelken zum Rotkohl geben, sanft kochen, bis das Kraut halb gar ist. Salz beigeben, Essig angießen und mischen. Sollte das Kraut zu trocken sein, noch 2 – 3 EL Gemüsebrühe beigeben.
Äpfel schälen, quer zur Mitte halbieren. Kerngehäuse entfernen und jede Hälfte mit etwa 1 TL Preiselbeermarmelade füllen. Die Schnittflächen der Äpfel mit Butter bestreichen.
Rotkohl in eine geölte Gratinform geben. Die Apfelhälften hineinsetzen und das Gericht im Backofen bei 200 °C etwa 30 Minuten garen. Vor dem Servieren Garprobe bei Kohl und Äpfeln machen.

Tofu süßsauer

2 Knoblauchzehen
½ EL Maisöl
½ EL Sesamöl
4 TL Weißweinessig
3 – 4 EL Orangensaft
4 EL trockener Sherry
2 EL Tamari
4 EL Tomatenketchup
1 kleine Stange Porree
½ rote Paprikaschote
2 EL Maisstärke
1 Tasse Wasser
Salz
2 TL Ingwerwurzel, fein geschnitten
8 –12 Scheiben Tofu von ½ – ¾ cm Dicke
Tamari
Olivenöl zum Anbraten der Tofuscheiben
2 EL Sonnenblumenkerne

Knoblauch grob hacken und im Mais-Sesam-Öl leicht anbraten. Essig, Orangensaft, Sherry und Tamari sowie Ketchup dazugeben und gut vermischen.
Porree putzen und in sehr feine Ringe schneiden. Paprikaschote putzen und fein würfeln. Gemüse zu der Saucenmischung geben und kurz aufkochen. Maisstärke mit dem Wasser anrühren und dazugeben. Sauce aufkochen, bis sie dicklich geworden ist. Mit Salz abschmecken. Zum Schluss den sehr fein geschnittenen Ingwer hinzufügen.
Tofuscheiben mit etwas Tamari beträufeln und kurz ziehen lassen. Tofu etwas abtropfen lassen, im heißen Öl leicht anbraten und anschließend in eine Gratinform legen.
Gemüsesauce über Tofuscheiben geben und alles mit Sonnenblumenkernen bestreuen. Im Ofen bei 200 °C 10 – 15 Minuten backen.

Gratinierte Frikadellen

300 g Räuchertofu oder Tofu
1 Zwiebel
1 Bund Petersilie
2 – 3 Knoblauchzehen
1 TL frische Majoranblättchen (oder getrocknete)
2 TL frische Thymianblättchen (oder getrocknete)
Kräutersalz
schwarzer Pfeffer, frisch gemahlen
120 g feine Haferflocken
150 ml kräftige, heiße Gemüsebrühe
Haferflocken zum Panieren
ungehärtetes Pflanzenfett zum Braten
Öl für die Form
Ananas in Scheiben
100 g Gruyère

Tofu auf einer Reibe fein raspeln. Zwiebel, Petersilie und Knoblauch sehr fein hacken, zum Tofu geben. Kräuter waschen, trockentupfen und abzupfen. Kräutersalz, Kräuter und Pfeffer unter die Tofumasse mischen. Die Haferflocken darüber streuen und gut mischen. Die Gemüsebrühe dazugeben und alles gut durcharbeiten. Die Masse etwas ruhen lassen.
Haferflocken in einen flachen Teller geben. Frikadellen formen und in den Haferflocken wenden. Überschüssige Flocken leicht abklopfen. Die Frikadellen in heißem Fett langsam auf beiden Seiten goldbraun braten. Dann in eine leicht eingefettete Gratinform legen.
Auf jede Frikadelle, je nach Größe, eine ganze oder eine halbe Ananasscheibe legen. Den Gruyère in Scheiben schneiden und die Ananas damit belegen. In den auf 200 °C vorgeheizten Backofen schieben und die Frikadellen gratinieren, bis der Käse leicht Farbe angenommen hat. Nach Belieben noch etwas mit frisch gemahlenem Pfeffer bestreuen.

Auflauf aus Indianerbohnen

300 g rote Bohnen (über Nacht einweichen)
1 Lorbeerblatt
2 Kardamomkapseln
1 – 2 EL Öl
1 TL Bockshornkleesamen
1 TL Kreuzkümmel (Cumin)
1 – 1½ TL schwarze Senfkörner
1 Zwiebel
1½ – 2 rote oder gelbe Paprikaschoten
1 Zucchino
2 – 3 Stängel Bleichsellerie
1 geh. EL Gomasio
Salz
Cayennepfeffer nach Belieben
Öl für die Form
100 ml Sahne
125 g Naturjoghurt
1 EL Zitronensaft
200 – 250 g Cherrytomaten

Die eingeweichten Bohnen mit einem Lorbeerblatt und zwei Kardamomkapseln zum Kochen bringen und etwa 30 Minuten garen.
Das Öl in einer großen Pfanne erhitzen, Bockshornkleesamen und Kreuzkümmel hineingeben, nach einigen Sekunden die Senfkörner ebenfalls dazugeben. Wenn die Samen »springen«, die fein geschnittene Zwiebel hinzufügen und bei sanfter Hitze langsam glasig werden lassen.
Paprika, Zucchino und Bleichsellerie putzen, waschen und in kleine Stücke, Bleichsellerie in Streifen schneiden. Zu den Zwiebeln geben und zusammen etwa 2 – 3 Minuten dünsten. Mit dem Gomasio bestreuen.

Die knapp weich gekochten Indianerbohnen abtropfen lassen und zu dem Gemüse in die Pfanne geben. Mit Salz und nach Belieben etwas Cayennepfeffer würzen.
Die Mischung in eine geölte Auflaufform mit Deckel geben. Sahne mit dem Joghurt gut verquirlen, mit Zitronensaft und nach Wunsch etwas Salz abschmecken. Sauce über das Gemüse gießen.
Auflauf bei 200 °C im Backofen etwa 30 Minuten bei geschlossenem Deckel garen. Dann den Deckel entfernen und nochmals etwa 10 Minuten weitergaren. Cherrytomaten putzen und unzerkleinert auf dem Auflauf verteilen. Nochmals in den Ofen schieben und die Tomaten heiß werden lassen.

Süße Aufläufe

Kirschauflauf

700 g Kirschen
200 g Vollkornsemmelbrösel
100 – 125 ml Milch
5 – 6 Eier, je nach Größe
125 g Butter
150 – 170 g Vollrohrzucker
Schale von 1 unbehandelten Zitrone
1 gestr. EL Zimt
1 MSP Gewürznelkenpulver
125 g Mandeln, gemahlen
1 – 2 EL Vollkornsemmelbrösel oder gemahlene Mandeln
1 Prise Salz
Butter für die Form

Kirschen waschen, entstielen und entsteinen.
Semmelbrösel mit der leicht erwärmten Milch übergießen und vermischen.
Eier trennen. Eigelb mit Butter und Zucker schaumig rühren. Abgeriebene Zitronenschale, Zimt und Gewürznelkenpulver, Mandeln sowie Brösel dazugeben und alles gut vermischen.
Eiweiß mit einer Prise Salz schaumig rühren. Unter die Masse heben.
Zuletzt die Kirschen vorsichtig untermischen.
Eine Auflaufform gut mit Butter ausstreichen. Mit Bröseln oder gemahlenen Mandeln auskleiden und die Kirschmasse darin verteilen.
Auflauf im vorgeheizten Backofen bei 180 °C etwa 1 Stunde backen.

Reis-Kirschen-Auflauf

1 Tasse Naturreis, Rundkorn
2 Tassen Sojadrink
1½ Tassen Wasser
1 Prise Salz
1 Kardamomkapsel
40 g Zartbitterschokolade
500 g Süß- oder Sauerkirschen (evtl. aus dem Glas)
150 g Mandeln, gerieben
80 g Vollrohrzucker
1½ TL Zimt
2 Eiweiß
Butter für die Form
etwas flüssige Sahne

Reis waschen und mit dem verdünnten Sojadrink, einer Prise Salz und der Kardamomkapsel zum Kochen bringen und bei niedriger Temperatur etwa 30 Minuten garen. Ausquellen und etwas auskühlen lassen.
Schokolade in kleine Stücke brechen. Kirschen waschen, entstielen und entsteinen, eingemachte Kirschen abtropfen lassen. Reis mit gemahlenen Mandeln, Zucker, Zimt, Schokolade und Kirschen mischen. Eiweiß zu Schnee schlagen und vorsichtig unter den Reis mischen. Eine Auflaufform mit der Butter ausstreichen und mit der Masse füllen. In den auf 180 °C vorgeheizten Backofen schieben und etwa 1 Stunde backen. Vor dem Servieren etwas auskühlen lassen.
Nach Belieben auf dem Teller mit flüssiger Sahne beträufeln.

Bananenauflauf mit Streuseln

6 – 8 Bananen
1 EL Vollrohrzucker
1 TL Zimt
½ TL Ingwerpulver
1 unbehandelte Zitrone
Butter für die Form

Für die Streusel:
100 g Vollkornmehl
50 g geriebene Mandeln
30 g Vollrohrzucker
1 TL Zimt
50 g flüssige, aber nicht heiße Butter

Die Bananen schälen und in etwa 1 cm dicke Scheiben schneiden. Zucker, Zimt und Ingwerpulver vermischen. Zitrone heiß abwaschen, Schale abreiben und anschließend die Zitrone auspressen. Zitronensaft und Schale mit dem Zucker und den Gewürzen mischen und über die Bananen gießen. Mindestens 1 Stunde ziehen lassen.
Eine Auflaufform einfetten.
Mehl, Mandeln, Zucker und Zimt mit der zerlassenen Butter vermischen und zu Streuseln verarbeiten.
Bananen mit dem Sirup in die Auflaufform geben, dick mit Streuseln belegen und im Backofen bei 180 °C etwa 30 Minuten backen. Warm oder kalt servieren.

Tipp: Servieren Sie den warmen Auflauf als Nachtisch mit einer Scheibe Vanilleeis. Er schmeckt auch vorzüglich mit braunem Rum flambiert.
Sollten Sie Streusel übrig haben, so können Sie diese einige Tage im Kühlschrank aufbewahren und z. B. für einen Früchtekuchen verwenden.

Quarkauflauf mit Trockenfrüchten

350 g Speisequark
150 ml Sahne
1 geh. EL Vollrohrzucker
Schale von einer halben unbehandelten Zitrone
½ TL Bourbonvanille
2 Eier
200 g Trockenfrüchte, gemischt
z. B. Aprikosen, Pflaumen, Rosinen (keine Feigen)
2 geh. EL Sonnenblumenkerne
2 geh. EL Reismehl
1 Prise Salz
1 TL Butter
1 geh. EL Sesamsamen

Den Quark mit der Sahne glatt rühren. Zucker, abgeriebene Zitronenschale und Bourbonvanille darunter mischen.
Eier trennen. Eigelb an die Quarkmasse geben. Eiweiß zunächst beiseite stellen.
Trockenfrüchte in feine Würfel schneiden. Mit den Sonnenblumenkernen zur Quarkmasse geben. Das Reismehl ebenfalls hinzufügen und gut mischen.
Eiweiß mit einer Prise Salz zu sehr steifem Schnee schlagen. Sorgfältig mit dem Gummispatel unter die Quarkfruchtmasse ziehen.
Eine hohe Auflaufform oder kleine Portionsförmchen mit zerlassener Butter ausstreichen und mit Sesam auskleiden. Die Masse einfüllen und im vorgeheizten Backofen bei 180 °C etwa 55 Minuten backen.
Wenn Sie Portionsförmchen verwenden, reduziert sich die Backzeit entsprechend.

Birnenauflauf

6 – 8 Birnen, je nach Größe
½ l Milch
1 Päckch. Vanille-Puddingpulver
40 – 50 g Vollrohrzucker
150 ml Sahne
nach Wunsch etwas Bourbonvanille
Butter für die Form
3 – 4 geh. EL Kokosraspel
1 unbehandelte Zitrone

Birnen schälen und längs halbieren. Kerngehäuse und Stielansatz entfernen.
Aus Milch, Puddingpulver und Vollrohrzucker nach der Packungsangabe einen Pudding zubereiten, die Sahne unterrühren, sodass eine Creme entsteht. Nach Wunsch mit etwas Bourbonvanille verfeinern.
Eine Auflaufform einfetten und mit Kokosraspel bestreuen. Die Birnen mit den Schnittflächen nach unten hineinlegen. Die Zitrone waschen, Schale abreiben und auf den Birnenhälften verteilen.
Die Vanillesauce über die Birnenhälften gießen und den Auflauf in den auf 180 °C vorgeheizten Backofen schieben. Etwa 30 Minuten backen und dann auskühlen lassen.
Leicht warm oder kalt servieren.

Dampfnudeln

200 g Weizen- oder Dinkelvollkornmehl
50 g Buchweizenmehl
7 g Naturtrockenhefe
Schale von 1 unbehandelten Zitrone
100 ml Milch oder Sojadrink
20 g Butter
1 geh. TL Vollrohrzucker
1 Prise Salz
1 Ei
150 ml Milch oder Sojadrink
20 g Butter
10 g Vollrohrzucker
1 MSP Bourbonvanille

Weizen- und Buchweizenmehl mischen. Trockenhefe und das Abgeriebene der Zitronen darunter mischen.
Milch vorsichtig erwärmen und die Butter darin schmelzen. Zucker und Salz dazugeben. Das Ei in der erwärmten Milch verquirlen. Milch ans Mehl geben und den Teig gut rühren und verkneten. Teig an einem warmen Ort zugedeckt etwa 1½ Stunden gehen lassen. Anschließend nochmals gut kneten.
In der Zwischenzeit die »Buttermilch« für die Form herstellen. Dazu die Milch erwärmen. Butter, Zucker und Bourbonvanille darunter rühren und in die nicht zu hohe Auflaufform gießen.
Aus dem Teig mit zwei Löffeln etwa acht ovale »Nudeln« formen und in die Auflaufform setzen. Nochmals etwa 30 Minuten gehen lassen. Dampfnudeln in den auf 180 °C vorgeheizten Backofen schieben und etwa 40 Minuten backen. Leicht auskühlen lassen und mit einer der folgenden Saucen servieren:

Zitronensauce

200 ml Milch
1 MSP Bourbonvanille
2 TL Maisstärke
etwas kalte Milch oder Wasser
40 g Vollrohrzucker
Saft und Schale von 1 unbehandelten Zitrone
1 Eigelb
150 ml Sahne

Milch mit dem Vanillepulver aufkochen. Maisstärke mit ganz wenig kalter Milch oder Wasser anrühren und in die kochende Milch geben. Den Zucker hinzufügen und gut verrühren. Zitronensaft und -schale darunter ziehen. Das Eigelb ebenfalls dazugeben. Nicht mehr aufkochen. Die Sauce etwas auskühlen lassen und dann die Sahne darunter mischen.

Joghurt-Zitronen-Sauce

250 g Naturjoghurt, griechische Art
1 – 2 EL Honig
Saft und Schale von 1 unbehandelten Zitrone
100 ml Sahne

Alle Zutaten zusammen in eine Schüssel geben und mit dem Schneebesen luftig schlagen.

Haferflocken-Früchte-Auflauf

2 Tassen grobe Haferflocken
Butter für die Form
3 EL Fruchtzucker
250 ml Sahne
1 Prise Salz
2 leicht säuerliche Äpfel
2 – 3 Mandarinen
2 große reife Birnen
2 geh. EL Walnusskerne

Haferflocken unter ständigem Rühren trocken anrösten. Eine Auflaufform mit etwas Butter ausstreichen und die Haferflocken hineingeben. Fruchtzucker in einem Topf unter ständigem Rühren karamellisieren. Mit der Sahne angießen und so lange sanft köcheln, bis der Zucker gelöst ist. Eine Prise Salz beigeben.

Äpfel eventuell schälen, das Kerngehäuse entfernen und in etwa ½ cm dicke Scheiben schneiden, auf dem Haferflockenbett verteilen. Mandarinen schälen und in Schnitze teilen. Auf die Apfelscheibchen legen. Birnen ebenfalls schälen, Kerngehäuse entfernen, in Scheibchen schneiden und in die Auflaufform schichten.

Walnusskerne grob hacken und über die Früchte streuen. Mit der Karamellsahne übergießen. Den Auflauf in den auf 200 °C vorgeheizten Backofen schieben und etwa 20 Minuten überbacken. Lauwarm oder kalt servieren.

Hirseauflauf mit Pflaumen oder Aprikosen

3¼ Tassen Wasser (oder halb Milch, halb Wasser)
2 EL Vollrohrzucker
1 Vanilleschote
1 Prise Salz
etwas Schale einer unbehandelten Zitrone
50 g Butter
1½ Tassen Hirse
Butter für die Form
1 kg Pflaumen oder Aprikosen

Für die Streusel:
50 g Butter, flüssig
40 g Vollrohrzucker
1½ TL Zimt
50 g Mandeln, gemahlen
80 g Weizenvollkornmehl

Wasser oder Milch-Wasser-Mischung mit Zucker, der längs aufgeschnittenen Vanilleschote, dem Salz, etwas Zitronenschale nach Geschmack und der Butter aufkochen. Hirse waschen und hinzugeben. Zugedeckt etwa 20 Minuten garen und noch etwa 10 Minuten quellen lassen. In eine gebutterte Auflaufform geben.
Pflaumen oder Aprikosen waschen, halbieren und entsteinen.
Butter bei schwacher Hitze schmelzen lassen. Zucker dazugeben und gut verrühren. Zimt, geriebene Mandeln und zuletzt das Vollkornmehl untermischen und alles zu Streuseln verarbeiten.
Halbierte Früchte dachziegelartig und dicht auf die Hirse legen und dick mit Streuseln belegen. In den vorgeheizten Backofen schieben und bei 200 °C 30 – 40 Minuten backen.

Süße Pfannkuchen

150 g Dinkelvollkornmehl
50 g Buchweizenmehl
½ TL Salz
1 TL Weinsteinbackpulver
2 TL Vollrohrzucker nach Belieben
300 ml kohlensäurehaltiges Mineralwasser
ungehärtetes Pflanzenfett zum Ausbacken

Für die Füllung:
1 unbehandelte Zitrone
300 g Sahnequark
3 – 4 EL Agavensirup oder Vollrohrzucker nach Geschmack
1 Prise Salz
2 – 3 EL Maisstärke

Für die Streusel:
100 g Weizenvollkornmehl
50 g Mandeln, gerieben
30 g Vollrohrzucker
1 TL Zimt
50 g Butter, zerlassen

Butter für die Form

Dinkel- und Buchweizenmehl mit Salz und Backpulver vermischen, nach Belieben etwas Zucker hinzufügen. Mineralwasser dazugeben und alles zu einem dünnflüssigen Teig klümpchenfrei vermischen. Teig mindestens 30 Minuten ruhen lassen. Nach Bedarf noch etwas Flüssigkeit hinzufügen.

Zitrone heiß abwaschen, Schale abreiben und eine Hälfte der Zitrone auspressen. Sahnequark mit dem Zitronensaft glatt rühren. Zitronenschale sowie den Agavensirup oder den Vollrohrzucker dazu geben. Salz und Maisstärke darunter mischen. Creme rühren, bis sie weich und geschmeidig ist.
Für die Streusel Mehl, Mandeln, Zucker und Zimt mit der zerlassenen Butter vermischen und zu Streuseln verarbeiten.
Aus dem Teig im heißen Fett dünne Pfannkuchen ausbacken. Pfannkuchen mit der Füllung bestreichen und leicht zusammenrollen. In eine gebutterte Ofenform legen und mit den Zimtstreuseln belegen. Im Backofen bei 200 °C 15 – 20 Minuten überbacken.

Süßer Couscousauflauf

1 Tasse Wasser
1 Tasse Orangensaft
2 – 3 EL Sahne
1 Prise Salz
1 Tasse Couscous
1 unbehandelte Orange
250 g Speisequark
100 ml Sahne
2 EL Vollrohrzucker
1 knapper TL Vanillezucker
2 – 3 EL Walnüsse, gemahlen
Butter für die Form
einige Scheiben Ananas
2 EL Walnüsse, gemahlen
flüssige Sahne nach Belieben

Wasser, Orangensaft, Sahne und Salz zusammen in einem Topf aufkochen und den Couscous einrühren. Einige Minuten leise köcheln lassen. Dann den Topf vom Herd nehmen und den Couscous quellen lassen.
Orange heiß abwaschen, Schale abreiben und die Orange auspressen. Quark mit der Sahne und dem Orangensaft glatt rühren. Zucker und 1 TL Orangenschale, Vanillezucker sowie die gemahlenen Walnüsse dazugeben und mischen.
Eine Auflaufform mit etwas Butter ausstreichen. Couscous mit dem Orangenquark mischen und in die Auflaufform geben. Mit Ananasscheiben belegen und mit den gemahlenen Walnüssen bestreuen.
In den auf 200 °C vorgeheizten Backofen schieben und 30 – 40 Minuten backen. Auflauf aus dem Ofen nehmen und leicht auskühlen. Nach Wunsch bei Tisch mit etwas flüssiger Sahne beträufeln. Schmeckt auch kalt sehr gut.

Apfel-Quark-Auflauf

Butter für die Form
2 – 3 EL Hirse
½ gestr. TL Bourbonvanille
½ EL Vollrohrzucker nach Wunsch
2 – 4 Äpfel, je nach Größe
1 TL Zimt
2 – 3 EL Rosinen
250 g Speisequark
100 ml Sahne
2 EL Vollrohrzucker
1 Prise Salz
Schale einer unbehandelten Zitrone
80 g Mandeln, grob gehackt

Eine flache Auflaufform mit etwas Butter ausstreichen. Hirse waschen und in der Form verteilen. Mit der Bourbonvanille bestreuen. Wenn Sie es gerne süß mögen, etwas Vollrohrzucker auf die Hirse streuen. Äpfel schälen, Kerngehäuse herausstechen und die Äpfel in etwa ¾ cm dicke Scheiben schneiden. Apfelringe dachziegelartig auf die Hirse legen. Mit dem Zimt bestäuben und reichlich mit Rosinen belegen.
Quark mit Sahne glatt rühren. Zucker und Salz hinzufügen. Zitrone heiß abwaschen und die Schale abreiben. Zitronenschale unter den Quark ziehen.
Quark auf den Apfelscheiben verteilen und glatt streichen. Nach Wunsch mit grob gehackten Mandeln bestreuen.
In den auf 180 °C vorgeheizten Backofen schieben und den Auflauf 30 – 40 Minuten backen. Warm oder abgekühlt servieren.

Soufflés und Desserts

Carob-Orangen-Soufflé

400 g Quark
Saft von 1½ – 2 Orangen, je nach Größe
1 Prise Salz
1½ Päckchen Vanillezucker
100 g Vollrohrzucker
100 g Buchweizenmehl
2 TL Weinsteinbackpulver
120 g Carobpulver
1 geh. EL Orangeat, fein geschnitten
50 g Walnusskerne, grob gehackt
200 ml Sahne
Butter für die Souffléform
1 EL Sesamkörner

Quark mit Orangensaft, einer Prise Salz, Vanillezucker und Vollrohrzucker glatt rühren. Buchweizenmehl und Backpulver dazugeben und mischen. Das Carobpulver dazusieben und alles gut verrühren. Orangeat und Walnusskerne unter den Quark ziehen. Sahne steif schlagen und vorsichtig unter die Masse heben.
Eine Souffléform im Backofen leicht erwärmen und den Boden mit etwas Butter ausstreichen. Mit den Sesamkörnern bestreuen.
Die Soufflémasse in die Form geben. Glatt streichen und in den auf 200 °C vorgeheizten Backofen auf die unterste Schiene stellen. Etwa 50 Minuten backen, dabei die Backofentüre nicht öffnen.

Gefüllte Orangen

150 g Zartbitterschokolade
50 g Vollmilchschokolade
50 ml Orangensaft
2 EL Sahne
2 Eier
80 g Vollrohrzucker oder Ahornsirup
250 g Speisequark
50 g Walnusskerne
1 geh. TL abgeriebene Orangenschale
1 Prise Salz
4 große, unbehandelte Orangen
(evtl. Früchte verwenden, die beim Saftpressen anfallen)

Schokolade in kleine Stücke brechen. Mit dem Orangensaft und der Sahne vorsichtig im Wasserbad schmelzen.
Eier trennen, das Eigelb unter die geschmolzene Schokolade ziehen. Eiweiß beiseite stellen. Zucker und Quark zur Schokolade geben und mischen. Etwas ruhen lassen, damit sich der Zucker ganz auflöst.
Walnusskerne in kleine Stücke brechen oder grob hacken. Mit der Orangenschale zur Schokoladencreme geben. Gut mischen.
Eiweiß mit einer Prise Salz zu steifem Schnee schlagen. Vorsichtig unter die Creme ziehen.
Deckel der Orangen abschneiden und die Früchte vorsichtig aushöhlen. Orangen zu zwei Dritteln mit der Creme füllen. In eine flache, mit Backpapier belegte Ofenform stellen oder einzeln in kleine Tonförmchen setzen. In den auf 200 °C vorgeheizten Backofen schieben und 25 – 30 Minuten backen.

Himbeersoufflé

350 – 400 g Himbeeren, frisch oder tiefgekühlt
150 ml Milch
35 g Maisstärke
3 EL Milch
2 – 3 Eier
5 – 6 EL Ahornsirup
1 geh. TL Weinsteinbackpulver
50 g Mandeln, geschält
1 Prise Salz
Butter für die Form
Vanilleeis oder Sahne nach Belieben

Die Himbeeren mit dem Stabmixer pürieren. Durch ein feines Sieb streichen, um die Kerne zu entfernen. Samenkörnchen mit der Milch aufkochen und die Himbeermilch ebenfalls durch ein Sieb streichen. Himbeermus und Milch vermischen.
Maisstärke mit den 3 EL Milch anrühren. Zwei Drittel der Himbeermasse mit der Stärke mischen und aufkochen. Eier trennen, Eiweiß beiseite stellen. Restliches Drittel der Himbeermasse mit Eigelb, Ahornsirup und Backpulver mit dem Himbeermus vermischen.
Mandeln in dünne Scheibchen schneiden.
Eiweiß mit einer Prise Salz zu sehr steifem Schnee schlagen. Mit einem Gummispatel vorsichtig unter die Soufflémasse heben.
Den Boden einer Souffléform (etwa 20 cm Durchmesser) mit etwas Butter ausstreichen und mit den Mandelscheibchen bestreuen. Das Soufflé vorsichtig hineingeben und im auf 180 °C vorgeheizten Backofen (unterste Schiene) 50 – 55 Minuten backen. Wenn Sie Portionsförmchen verwenden, verkürzt sich die Backzeit auf 20 – 25 Minuten.
Nach Belieben mit Vanilleeis oder flüssiger Sahne servieren.

Orangensoufflé

3 Eier
150 g Speisequark
150 ml Sahne
100 ml Orangensaft
70 g Vollrohrzucker
2 EL Orangeat, fein geschnitten
2 EL Grand Marnier nach Wunsch
2 EL Dinkelmehl, gesiebt
1 TL Weinsteinbackpulver
1 Prise Salz
Butter für die Form

Eier trennen. Quark mit Sahne, frisch gepresstem Orangensaft, Zucker, Eigelb und Orangeat schaumig rühren. Nach Wunsch etwas Grand Marnier hinzufügen. Mehl mit dem Backpulver mischen und unterheben.
Eiweiß mit einer Prise Salz zu steifem Schnee schlagen. Ein Drittel unter die Soufflémasse rühren. Die anderen zwei Drittel mit dem Gummispatel vorsichtig unterziehen.
Den Boden einer Souffléform mit etwas Butter ausstreichen. Die Masse einfüllen, sie sollte die Form nicht mehr als zur Hälfte füllen.
Backofen auf etwa 180 °C vorheizen. Das Soufflé auf die unterste Schiene des Backofens stellen und etwa 40 Minuten backen.
Sofort servieren.

Salzburger Nockerln

70 g Butter
70 – 80 g Vollrohrzucker
5 – 6 Eigelb
abgeriebene Schale einer kleineren Zitrone
½ TL Bourbonvanille oder Vanillezucker
5 – 6 Eiweiß
1 Prise Salz
50 g Dinkelvollkornmehl
Butter für die Form

Butter, Zucker und Eigelb gut schaumig rühren. Abgeriebene Zitronenschale (oder Orangenschale) sowie Bourbonvanille oder Vanillezucker dazugeben und alles gut vermischen.
Eiweiß mit einer Prise Salz zu sehr steifem Schnee schlagen. Eischnee auf die Creme geben. Mehl darüber sieben und die Masse mit einem Gummispatel sehr sorgfältig mischen.
In mit Butter ausgestrichene kleine Soufflé-Förmchen füllen und im auf 200 °C vorgeheizten Backofen 15 Minuten backen.

Schokoladensoufflé

150 g Zartbitterschokolade
50 g Vollmilchschokolade
150 ml Sahne
3 große Eier
80 g Vollrohrzucker
½ TL Bourbon-Vanille
150 g Mandeln, gemahlen
150 ml Sahne
1 EL Dinkelmehl, gesiebt
2 TL Weinsteinbackpulver
1 Prise Salz
Butter für die Souffléform
1 – 2 nicht zu weiche Bananen

Schokolade mit der Sahne im Wasserbad schmelzen.
Eier trennen, Eigelb mit dem Zucker und der Vanille schaumig rühren. Geriebene Mandeln (20 – 30 g zurückbehalten) und Sahne mit geschmolzener Schokolade hinzufügen, gut vermischen. Dinkelmehl und Backpulver unterrühren.
Eiweiß mit einer Prise Salz zu festem Schnee schlagen. Sorgfältig mit einem Gummispatel unter die Schokoladenmasse ziehen.
Boden einer passenden Souffléform mit Butter ausstreichen und mit dem Rest der geriebenen Mandeln bestreuen. Bananen in Scheibchen schneiden und auf den Boden der Form legen. Soufflémasse in die Form füllen (sie sollte bis zur Hälfte gefüllt sein).
Soufflé in den auf 180 °C vorgeheizten Backofen schieben (unterste Schiene) und etwa 50 Minuten backen. Den Ofen während des Backens nicht öffnen. Nach dieser Zeit mit einer Nadel Garprobe machen. Wenn sie sauber bleibt, ist das Soufflé gar.

Zimtsoufflé

250 ml Milch
35 g Buchweizenmehl
125 g Joghurt, griechische Art
120 ml Sahne
1 Prise Salz
2 geh. EL Vollrohrzucker
1 geh. TL Zimt
½ Weinsteinbackpulver
1 geh. TL Buchweizenmehl
2 EL Rosinen
3 Eiweiß
1 Prise Salz
Butter für die Form
1 geh. EL Sesamsamen

Milch zum Kochen bringen. Buchweizenmehl einrühren, dabei darauf achten, dass keine Klümpchen entstehen. Kurz köcheln und dann etwas abkühlen lassen.
Joghurt, Sahne, Salz und Zucker dazugeben und mit dem Schneebesen unterrühren. Zimt und das Weinsteinbackpulver ebenfalls darunter mischen.
Buchweizenmehl in einen Teller geben, Rosinen damit vermischen. Die bemehlten Rosinen sorgfältig mit der Soufflémasse mischen (auf diese Weise »ertrinken« die Rosinen nicht in der Creme).
Eiweiß mit einer Prise Salz zu Schnee schlagen. Mit dem Gummispatel sorgfältig unter die Masse heben.
Boden einer Souffléform mit der Butter ausstreichen und mit den Sesamsamen auskleiden. Die Soufflémasse in die Form füllen und in den auf 200 °C vorgeheizten Backofen schieben (unterste Schiene). Etwa 45 Minuten backen, ohne die Ofentüre zu öffnen.

Tipp: Wenn Sie die Rosinen 1 – 2 Tage (oder länger) in etwas Rum einlegen, bekommt das Soufflé eine andere Note.

Birnen oder Äpfel an Karamellsauce

4 – 6 Birnen oder Äpfel, je nach Größe
6 geh. EL Fruchtzucker
2 EL Wasser
200 ml Sahne
150 g Mandeln

Birnen oder Äpfel schälen, längs halbieren, Kerngehäuse entfernen. Den Zucker in einen Topf geben und bei mäßiger Hitze karamellisieren. Wenn er goldbraun geworden ist, mit dem Wasser löschen und aufkochen lassen. Die Sahne angießen und nochmals unter Rühren aufkochen.

Etwas von der Karamellsauce in eine Gratinform gießen. Birnen oder Äpfel hineinlegen. Die Mandeln in Stifte schneiden und auf den Früchten verteilen. Die restliche Sauce angießen.

In den auf 180 °C vorgeheizten Backofen schieben und etwa 30 Minuten backen. Die Früchte hin und wieder mit der Sauce beträufeln.

Gebackene Marzipanäpfel

4 Äpfel
150 g Mandeln, geschält
1 EL Honig
10 Tropfen Orangenblüten- oder Rosenwasser
100 g getrocknete Aprikosen
einige Rosinen
Butter für die Form
100 ml verdünnter Holundersirup oder Apfelsaft
1 Stück Zimtstange
nach Wunsch 200 ml Sahne
½ TL Zimt
etwas Vollrohrzucker

Äpfel schälen, quer zur Mitte halbieren und Kerngehäuse herausstechen.
Geschälte Mandeln im Cutter hacken oder mit einer Handreibe fein mahlen. Honig und einige Tropfen Orangenblüten- oder Rosenwasser zu den Mandeln geben, gut mischen, bis sich die Masse zu einem festen Kloß formt. Getrocknete Aprikosen in sehr feine Würfelchen schneiden und mit dem Marzipan mischen.
Ausgehöhlte Äpfel reichlich mit Marzipan füllen, Boden der Apfelhälften mit je einer Rosine verschließen.
Eine Auflaufform mit Deckel mit etwas Butter ausstreichen. Den Holundersirup oder Apfelsaft dazugießen, Zimtstange beigeben und die Äpfel in die Form setzen. Deckel auf die Form setzen und die Form in den vorgeheizten Backofen stellen. Bei 180 °C 30 Minuten (je nach Apfelsorte) garen. Dann den Deckel entfernen und die Äpfel noch etwas Farbe annehmen lassen. Am Ende Garprobe machen.
Nach Wunsch mit Schlagsahne, die sie noch mit Zimt und Vollrohrzucker verfeinern können, servieren.

Ein besonderer Nachtisch

Für den Biskuitteig:
4 Eier
70 g Vollrohrzucker
1 geh. TL Vanillezucker
2 EL warmes Wasser
30 g Butter
40 g Vollkorndinkelmehl
40 g Buchweizenmehl
1 TL Backpulver
Butter für die Form

Für die Füllung:
1 kg Früchte und Nüsse nach Wahl, z. B. Äpfel, Birnen, Beeren
Vollrohrzucker oder Ahornsirup zum Süßen nach Belieben
Saft von 1 – 2 Orangen
evtl. 2 EL Orangenlikör
300 – 350 g Vanilleeis
2 Eiweiß
2 – 3 TL Ahornsirup

Zunächst einen Biskuitteig herstellen: Eier mit Zucker, Vanillezucker und warmen Wasser schaumig rühren. Butter schmelzen, aber nicht heiß werden lassen, und zu den Eiern geben. Das Dinkel- und Buchweizenmehl mit dem Backpulver mischen und sorgfältig unter die schaumige Masse ziehen. Eine Backform mit Backpapier auskleiden. Den Teig gleichmäßig aufstreichen. In den auf 200 °C vorgeheizten Backofen schieben und 8 – 10 Minuten backen. Auskühlen lassen und entsprechend der Größe der Auflaufform in passende Stücke schneiden. Gefettete Form mit dem Biskuit belegen und bis zur Weiterverarbeitung in das Tiefkühlfach stellen.
Aus den Früchten und Nüssen einen Fruchtsalat herstellen und mit Vollrohrzucker oder Ahornsirup nach Geschmack süßen.

Orangensaft nach Wunsch mit Likör mischen und den Biskuitboden damit beträufeln (als alkoholfreie Variante entsprechend mehr Orangensaft verwenden).
Biskuit mit dem Fruchtsalat belegen. Eventuell nur die Hälfte verwenden und die andere Hälfte für eine zweite Lage aufbewahren.
Vanilleeis in Scheiben schneiden und auf den Fruchtsalat legen. Sollte Fruchtsalat für eine zweite Lage übrig sein, diesen auf das Eis geben. Auflaufform wiederum ins Tiefkühlfach oder den Kühlschrank stellen.
Backofen auf 250 °C vorheizen.
Eiweiß zu Schnee schlagen, eventuell mit etwas Ahornsirup leicht süßen. Kurz weiterschlagen. Auflauf mit dem Eischnee überziehen und in den sehr heißen Backofen schieben. Einige Minuten backen, bis der Eischnee leicht Farbe angenommen hat. Den Backvorgang beobachten. Nachtisch sofort servieren.

Die Autorin

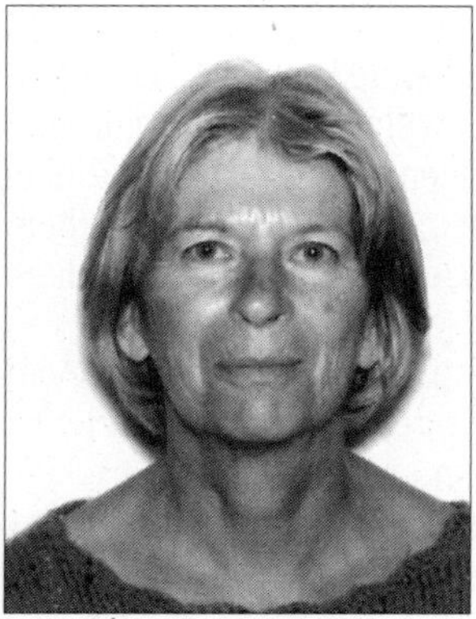

Margrit Stevanon, geboren 1938 auf der Schweizer Seite des Bodenseeufers, hat vor mehr als 20 Jahren ihren Wohnsitz vom »Schwäbischen Meer« an den Atlantischen Ozean verlegt, genauer gesagt nach La Palma, der grünen Kanareninsel. Sie hat das große Glück, auf einer Bio-Finca leben und arbeiten zu dürfen.

Sie kocht leidenschaftlich gerne und beschäftigt sich seit vielen Jahren mit Ernährungsfragen. Deshalb hat sie auch immer wieder Kurse über alternative Ernährung besucht. Ihre Lust am Experimentieren sowie ihre Überzeugung, dass die Freude am Kochen sowie am Essen ein wesentlicher Faktor zur Verbesserung der Lebensqualität und nicht nur der Gesundheit sein sollte, gaben den Impuls zu eigenen Kochkursen und zu ihren Kochbüchern.

Von ihr ist im pala-verlag außerdem das Buch »Tofu – fantastisch vegetarisch« erschienen.

Rezept-Index

Herbert Walker:
Desserts & mehr
ISBN: 978-3-89566-229-4

Petra Skibbe und Joachim Skibbe:
Toskana vegetariana
ISBN: 978-3-89566-278-2

Petra Skibbe und Joachim Skibbe:
Ayurveda – Die Kunst des Kochens
ISBN: 978-3-89566-252-2

Jutta Grimm:
Brotaufstriche selbst gemacht
ISBN: 978-3-89566-248-5

Gesamtverzeichnis bei: pala-verlag,
Postfach 11 11 22, 64226 Darmstadt, www.pala-verlag.de

ISBN: 978-3-89566-292-8

2. korrigierte Auflage
www.pala-verlag.de

Lektorat: Barbara Reis
Titelgestaltung und Illustrationen: Kirsten Schlag
Druck: fgb • freiburger graphische betriebe
www.fgb.de
Dieses Buch ist klimaneutral produziert und
auf Papier aus 100 % Recyclingmaterial gedruckt.

Print CO_2 geprüft